# 歴史をつくる時

## ――ヴィジョンと日本の役割

## 尾崎行雄について

本書をこれらの随筆を触発した尾崎行雄（1858–1954）の思い出に捧げます。その追憶が、尾崎が長い一生を通じていささかも妥協することなく理念と勇気を捧げた国を引き続き激励することになることを願いながら、筆を執りました。

尾崎は、早期国会開設運動中に、政府に対する脅威と見なされ、一八八七（明治二〇）年の保安条例により首都（江戸）から三年間追放されました。もっとも、尾崎はその後も政府にとり厄介な存在であり続けましたが、この追放期間中に尾崎は英国に赴き、英国流の民主政治を勉強し、当時の日本で主流であった権威主義的なドイツのプロイセン型政治ではなく、英国流の議会制を適用するべきとの信念を抱き、議会政治を根付かせることに一生をかけました。折しも、一八八九年の明治憲法発布に伴い、恩赦に与かり、一八九〇年に行われた第一回の総選挙で当選を果たしました。以来、連続二五回の当選を成し遂げ、文部大臣および司法大臣としての期間を含め、六三年にわたり議席を占めるという世界記録を残しました。時の政府と袖を分かち、議員生活の大半を政党に属さず無所属を貫きました。尾崎は、いまなお「憲政の神様」として覚えられています。

尾崎は明治時代の寡頭政治家と闘い、日清戦争に始まり太平洋戦争に至った軍国主義に一貫して断固反対しました。日本で最初に世界連邦を唱え、普通選挙権を支持したのも尾崎でした。一九一二（大正元）年には、東京市長として日露戦争の際に寄せられた米国の好意に対する感謝の気持ちとして三〇〇〇本の桜の苗木を米国の首都ワシントンD.C.に贈呈しましたが、それらは日本と米国市民の友好の象徴となっています。

目次

装幀／滝口裕子

この二〇編からなる随筆は、歴史の決定的に重要な時期に、東京にある尾崎行雄記念財団の季刊誌に掲載されたものです。

# はじめに

このたび小冊子にまとめた二〇本の随筆は、およそ四半世紀前に尾崎行雄記念財団の『世界と議会』という季刊誌のために執筆したものです。四カ月に一回の頻度で書いたため、是非読者の皆さんの心に留めてほしいと思った点については執拗に繰り返していることを理解していただきたいと思います。いま、読み返してみると、いかにも無作法な箇所、推敲が足りない部分、また冗長な部分や時代遅れになった箇所もありますが、あえて手を入れずそのままお読みいただきたいと思いました。

随筆を書くことになった発端は、当時話題になったフランシス・フクヤマの *The End of History and the Last Man*（邦題『歴史の終わり』）とサミュエル・P・ハンチントンの *The Clash of Civilizations and the Remaking of World Order*（邦題『文明の衝突』）という二冊の書物に感化されたからです。

歴史は終わってはいなかった。なぜなら、西洋のリベラリズムが他の体制に勝利するという保証はなく、十分に心しなければ人類が絶えてしまう危険があるからです。仮にハンチントンの指摘が正しかったとして、衝突は文明間というより文明内で見られるように思えるかもしれません。あたかも水槽内の魚のように、同種の魚は縄張りを犯す敵と見なし抹消してしまいますが、競合しない他種の魚の存在は許容するのでは、と。残念なことに、これは私たち人類ではなく、魚類特有の特質でしかないようです。

歴史が実際に終焉しないのであれば、単調なあまり、直に再びいがみ合うに違いありません。互いに異種であるなら、魚には苦にならないでしょうが、私たち人間はそうはいかず、問題となるのです。それ故、何をしても各人の特性は等しいわけではなく、疑念を呼び起こすような記憶も手伝って、対立が常につきまとうことが私たちの持つ運命だと思わずにいられません。その上、いままではこと足りていたものも、人数が増えれば獲得競争をすることになり、自己防衛機能が働いて、和やかな関係はなくなります。

十分であることが長く続かなくなり、ファーストフード・レストランよろしく、十分満たされることがなくなってしまうのです。足るを知らない世の中は不健全であることに気がついた私たちは、ようやく欲を控え、他者と譲り合うことの必要性を理解し始めています。今日の相互依存関係にある諸国は、虚構でしかない主権を守るために争うのではなく、むしろ各国の利益を超えた、より高い徳を目指して努力するべきなのです。これが新しい正当性であり、そのためには従来に勝る体制が必要になります。

随筆を発表するよう求められたことを光栄に思っております。尾崎行雄のヴィジョンと歯に衣着せない率直なものの言い方に感服してきた私としては、尾崎の描く公正で文化的な社会をつくるという未来像を伝える季刊誌に寄稿することを尾崎は許してくれると信じたいです。

二〇一四年五月　　東京にて

# 1　人類のくに　〔THE NATION OF MAN〕

半世紀にわたり、私たちは過去を忘れ去ろうと息をひそめて生きてきました。第二次世界大戦の残り火の中から、第一次大戦後に期待を裏切られた制度の複製をつくり、より恐ろしい―最後となる―第三次大戦を避けるべくひたむきに努力してきたのです。ところが、融和を約束する決然とした憲章は、むしろ人類を分裂させる制度を定めたことになり、すんでのところで私たちは自爆してしまうところでした。が、変化が広い範囲で進んでいる今日、私たちは希望を持って未来を語り、歴史の終わりではなく、歴史をつくることを話し合うことができるようになったのです。

今日尾崎行雄が存命だったなら、理念と理想を掲げ一生を捧げた祖国と世界のありさまについて多くを語るにちがいありません。そして、物質的には豊かさをもたらしたものの、ますます世界から恨まれる日本にしてしまった制度の矛盾と偽善の責任を、いつものように厳しく問い質すことでしょう。

世界なくして日本はない、その世界に対する無関心、共に生きる決意のなさを叱責したことでしょう。そして来る九〇年代、更には二一世紀の世界に取り残されることなく、全人類のために地球をよりよく管理する新しい方法を模索する一大事業に貢献できる日本にするため大胆な運動を起こしていることでしょう。

希望も不吉な予想をもはるかにしのぐ出来事の多かった二〇世紀の宿命的な最後の一〇年を迎える今日、漠然とその先に見える世界の姿を尾崎自身がしたであろうように、立ち止まって望む時なのです。

いままで予見したことの多くは、私の手など借りずに実現されてきています。年をとればとるほど、予言力への自信は薄らぎますが、あえて長い間あたためてきた考えを皆さんと共有したいと思います。尾崎行雄が生きておられたらきっとそうされたと思うからです。

海外に帝国を築いた時代は過去のものとなり、大小の大陸帝国もその轍を踏むことになるでしょう。歴史の岐路にあって、私たちは民族国家の当初の目的と旧弊の正統性を改めて再考する必要があります。

私たちが共有する関心事と良識は、民族の自決権を認め、地球上のすべての人が文化圏を表す地理によって住み分け、国際親善の秩序をつくることを最終的に求めています。私たちの進歩―いまとなっては、生存そのもの―を阻む最大の障害は、無気力と小心にほかなりません。たしかに、出来事に圧倒されて不覚にも大きな変革を起こしてしまう危険はあります。が、より大きな危険はいたずらに行動を遅らせてしまうことです。

尾崎の指摘にも見られたように、歴史の類型を一九世紀の日本で平和裡に行われた廃藩置県に見ることができます。しかし、これからつくっていかなければならない制度は、画一的でも、一枚岩のような中央政府でもなく、人びとが互いに尊敬し合い、安全を保障し合うとともに、保護条件や明らかな制約を考慮しながら自治が許されるものでなければならないのです。日本は経験を生かし、持てる財力と自らに課した思想上の自制故に、地球を管理していく次の進化の過程において傑出した役割を担う立場にあります。

これらの大事を行うには幾十年、幾百年を要し、一様に遂げられることも、困難なく遂げられることもありません。だからといって、人類にとり最も遠大でかつ希望に満ちた事業に着手する責任から免れることはできません。

そのためには、新しい政治哲学を確立し、地球を管理する計画を立て、それを実行するために、国家が単位である国際組織ではなく、それを超越した機関に段階的に移行していく必要があります。

地球上のすべての人たちのためのエンバシー（大使館）をつくり、人類の和と結束を脅かす要因に対し、地球市民としての意識と連帯を育成していかなければなりません。このエンバシーは建物ではなく、人類全体と特定の便益を調和させる多面的な構想にほかなりません。各国政府や（今日的な意味での）国際組織などと協調し、それらの承認を得て徐々に地球の利益の最高調整役としての役割を果たし、やがては自然界に対する信託権を行使し、地球上の地域や区分の利害を調停するとともに、調和と多様性の双方を守り、あまねく認められた正義の標準を高める役を担っていくのです。

幸いにも、すべての要求を充し、すべての夢を叶えるような完全な世の中をつくることはできません。そのような日が来たら、創造することも、発明することも、人を思いやることもできなくなってしまうからです。望むことも、努力することも、願い、祈ることも、冒険することも、勇気ある行動を求めることも、芸術を生み、笑い、泣くこともなくなってしまいます。何もすることがなくなってしまうのです。いまだからこそ、私たちにはやるべきことがたくさんあるのです。

（一九九〇年一月一五日）

## 2　両刃の剣　〔THE TWO-EDGED SWORD〕

三年前のことでしたが、ミンダナオ島の洞窟に暮らす穏やかなタサダイ族の女性が、外の世界と交わりを持つことによってもたらされた変化を悔いているかと問われたことがありました。動物たちが前のように寄って来なくなったのは悲しいです、「でも、ナイフを選んだのは私たちですから」と彼女は言いました。ナイフが両刃であることに気がついた時には手遅れでした。タサダイ族の世界は、昔のように森の端で終わらず、見たくないものまで見えてしまい、森の中に半分、外に半分の新しい暮らしを身につけなければならなくなったのです。

私の祖父母が日本に来たのは一〇三年前のことでした。日本で生まれた母は、子ども心に映ったやさしく礼儀正しい日本のことをよく話してくれました。日本で暮らした一七年間に祖父母の目に映ったのは、不可避であったとはいえ、西洋の技術を選んだ勇断の結果、激変してしまった日本の姿でもありました。日本にとっても、洋才を選択したことは両刃の剣だったのです。

列国の多くは、自らが近代文明のるつぼであったか、あるいはその犠牲になりながら、何世紀もの変動を経験してきていますが、日本と同じ規模と高度な国の中で、近代文明の急速な進化を遂げながら外界からの汚染を免れ、目まぐるしい今日の世界に生き延びた国は日本を除いてありません。

近代日本の政治家の中で誰よりも長く、しかも先見の明を持った政治家であった尾崎行雄は、幕藩体制下の分裂・孤立した脆弱な農業国から太平洋に衝撃を与えるほどの経済大国にと変貌する日本の暴走を抑えようと懸命に努力しました。そのようなヴィジョンが、いま再び、自らを取り巻く世界の変革に適応を迫られている日本に求められていますが、今回は変革が基本的に何であるか理解できないでいるようです。

日本は、世界史は外国の謀略によってつくられると常に受け止めてきましたが、これからは、日本の将来は世界史を織りなす紋様の中にあることを受け入れなければなりません。日本だけが他国の謀略の犠牲者ではないことを潔く認め、「見たくないものも見極める」ことが必要です。そのためには、八咫《やた》の鏡に自らを映し、神話を見直す必要があります。

日本は、「培養」したユニークさの陰に隠れて自己弁護をすることを止め、徹底的に自らを再評価する用意がなければ、国際パートナーシップの正会員として認めてはもらえないでしょう。それは決して、歴史を放棄することでも、固有の才に背を向けることでもありません。むしろ、人道的で平和な世界秩序の中に固有の歴史と才能を残すためには、必然的に他との関係を妨げる体質を改めることが、すべての国に求められているのです。

厳しい現実として、日本は長らく世界の宗教・社会・政治哲学の主流から自らを隔絶し、その後も距離を置いてきたために、日本が「ソト」と呼ぶ世界においてユニークであり、アウトサイダーなのです。そのために誤解されたり、痛くもない腹をさぐられたりすることがよくあります。

これに対して、相手が不公平だといって腹を立て、とげとげしい壁を突き立てるばかりでは、なおさら相手を遠ざけてしまいます。日本が人種差別の対象にされるのは、日本人が異人種であるからではなく、日本人の特異性にあるのです。西洋人にかぎらず、外国人（とりわけビジネスマンや外交官）は、日本の諸制度（および国自体）の集団的な「説明義務（アカウンタビリティ）の欠如」を形成している顔のない個人と付き合うことに困難を覚えるのです。マスクの裏には知られざる秘密があるのではないかと勘ぐり、状況によって希望を持ったり、怖れを抱いたりするのです。マスクの裏に秘密がないと分かれば、なおのこと当惑するかもしれません。

マスクの裏にあるのは、無邪気ともいえる徹底したプラグマティズムです。この実益主義が親しい人間関係や職業上の関係も規定しており、近々の歴史に見られるような現実との対峙も規定してきたのです。苛立ち悩む外国人は気の毒です。しかし苛立ちはお互いさまです。絶望感を下手に昇華させることも、その存在を否定することも、問題の解決にはなりません。

多大な努力をして西洋社会を模倣し、追いつき、ある意味では凌駕した日本は、異質だからということによる情状酌量の余地はなく、もはや虚勢も通用しません。日本が求めた西洋クラブの会員権は、日本が異人種（どうにもならないもの）だからではなく、その態度（どうにかできるもの）故に与えられないのです。

日本は、西洋人に限らず誰に対してでも、（すべてが唯物主義に根ざしているとは限らない）西洋の規範により評価してほしいと求める一方で、不可解なその異質性を「理解」してほしい、要するに我慢してほしい、と執拗に言っているのです。その結果起きるお互いの憤慨をはらすことができるのは、日本人にとって不得手な真摯で誠実な自己分析であり、一世紀前の外見的には近代国家を形成した時に匹敵する内なる変質そのものなのです。

尾崎が象徴した高潔さと先見の明を、日本はいま最も必要としており、それらを身につけた日本には大きな役割が待っています。世界は、現代を共に生き、理解し得る日本を諸手を挙げて歓迎し、すべての国が「ソト」でなく「ウチ」として扱われる地球に平和と公正さをもたらす課題に共に取り組むことでしょう。

（一九九〇年四月七日）

## 3　日本が示す実例、果たすべき役割

〔AN EXAMPLE TO GIVE, A ROLE TO PLAY〕

歴史の不公平さは容易に解決できることではなく、その結果として醸成される怨念も簡単に鎮められることはないと思われますが、分断されている人類のくにで秩序を模索して起きる武装対立は内戦だと見なされるべきであり、不透明さが増す国境の中で起こる混乱を解決するのと同じ寛大さをもって、全体の利益を慮って扱うべき時が来ているのです。

日本には実例があり、果たす役割があります。一八七一年に、欧州列国による植民地拡大の脅威に対応するため、封建諸藩の廃藩置県を通じ、統一国家を成立したという経験があります。

国内で成功した「共通の目的を追求する」という原則を世界規模に拡大することにより、

不公正を正し、平和に生きるという世界の願いを啓発することができるのです。日本は独自の貴重な役割を担い、地球人としての会費を地球上どこにおいても互換性のある「通貨」で支払うことができるのです。

そのような役割を果たすことは西洋の歴史観に屈したことになるとか、日本古来の伝統を裏切ったことになるとかいうのは、意味のない議論です。また、日本が平和を勝ち取ったということを他国に認めさせる必要もまったくありません。いつの日にか地球に平和が達成されれば、それは人類の勝利です。平和が不可分なものであるとすれば、平和は未だ達成されておらず、日本においてでさえ実現されていないことになります。このように考える時、中東で起きている戦争をどう見るべきなのか、日本は何をすべきなのでしょうか。

一国が侵略されました。それは、フセイン大統領が主張するように、第一次大戦後のオスマン帝国の崩壊に際し、帝国主義的な英国の製図者の犯した歴史的な不正を正す行為だったのでしょうか。違います。国境を越えて石油を不当に引いたことはあったかもしれませんが、クウェートは、イラクの一部であったことは一度もありません。小さな独立国が、政治・経済的な拡大主義の下に「兄弟」と称するアラブの隣国に暴力で侵され、併合されたことは明白です。しかもイラクは否認していますが、イラクがイランに対し侵略戦争を行った際、クウェートはイラクに多額の融資をしていたのです。

国際社会の目的が、イラクを除く他のアラブ諸国がすでに承認しているように、人質の釈放とクウェートの解放にあり、クウェートの支配者を王位に復帰させ、イラクにクウェートに対する賠償金を支払わせることだというのと、核を持ちたいという願望を含むイラクの危険な潜在軍事力を消滅させ、危機の原因であるフセイン大統領を排除することにあるというのとはまったく違います。（アラブ諸国がイラクに対する国際的な行動を承認しているとはいえ、フセイン大統領の排除ということになると支持は得られにくいでしょう。）

これらの目的は部分的にであれ、全体としてであれ、イラクが挑発しなければ、憎悪に満ち、破壊を伴う長期的な戦争に依らずとも達成できるはずです。そのためには、経済制裁と国際社会の堅固な意志が必要であり、アラブ世界を通じて反干渉、反西洋、反シオニスト的な拮抗勢力ができないことが条件です。（そうはならないとは思いますが）反西洋勢力ができると、十字軍に身をもって抵抗する新しいサラディンとして、サダムを英雄視することにならないともかぎりません。その場合には、残るアラブ王室が崩壊し、世界の既知の石油埋蔵量の七〇％を人質に取るアラブ社会主義共和国の同盟が誕生しかねません。それがもたらす結果は、考えるだけでも恐ろしいものです。

中途半端な輸出禁止や生半可な措置であったり、国際社会における指導者の結束が揺らいだりすれば、イラクの抵抗が増大し、高価につく長期戦に持ち込まれる可能性が増すことにもなります。日本の国際連帯行動に対する貢献策の不備がますます目立ち、時が経てば経つほど批判も高まることになってしまうでしょう。日本政府が約束する「最大の貢献策」は、後に延ばすことなく、いま、最大のものにする必要があります。ただ、最大の貢献とはどこまでを言い、やりすぎとは何か、という問題が残ります。

イラクの人たちへの食料を控えることはやりすぎです。医薬品は禁輸から除外されました。上記の留保を踏まえた上で、敵対的な行動を回避するためには、侵略者に対して最大限の経済的な圧力を加える必要があります。日本は公表した財政援助に加え、輸送手段をはじめ、非軍事物資を提供し、非戦闘医療団や非武装要員を中東に派遣することは妥当であり、憲法の枠内でできることと思われます。その際には国連の制服、または民間人の服装を着用すべきです。日本の掃海艇は派遣されるべきではありません。なぜなら、掃海艇が敵対的攻撃を受けた場合には自己防衛を余儀なくされ、軍事情勢がエスカレートしかねないからです。そうなった場合、誰が挑発したかということは、議論の余地を残す問題になってしまうからです。

日本は、類のない貴重な憲法を危うくし、あるいは自らを欺いて、必ずしもすべての人が純粋に防御的とは見なさない、潜在的な交戦地帯に武装人員あるいは武器弾薬を送り込むことを求める圧力に抗しなければなりません。それがもたらす国内外の戦場での危険を考え、即刻やめるべきです。

現行憲法の文言や精神を変えることなく、いままでにない新たな満足のいく解釈を提案することも可能だと思っています。憲法こそが日本の独自性、名誉、および有益性を築く岩盤です。日本の時は来ます。

（一九九〇年九月三日）

## 4　平成の維新　〔A HEISEI REFORMATION〕

外国からの非難に対する反応について前述しましたが、日本が人種差別（と理解しているもの）の対象にされるのは、異人種であるからではなく、「日本人の特異性にある」、と述べました。日本人は、数少ない相対的に同質の民族に属し、（記憶やメディアに映し出され、あるいはこうあってほしいと思うあらゆる先入観が混合した）個性を集団として持っているからですが、最近ではイメージが回復し、肯定的に受け入れられるようになってきています。日本人は単一民族ではありませんが、だからといって英国人や米国人のように複数の人種が混ざっているわけでもありません。長い間、日本人であることを意識し、それを誇りにしてきた人たちなのです。

「人種」とは、遺伝的に宿命付けられたものであり、悠々と移ろう時の流れの中でもほとんど変わることはありません。一方、「日本人」とは、変性する特質を言い、変貌する文明の中で生き残るために常に順応していかなければならないのです。時勢にそぐう社会を維持すると同時に、善いと認められた特性を失わないことで、過去を裏切ることなく、独自の日本人らしさを保つ過程を保持しながら新たにしていくのです。この過程がなければ枯れ廃れることになってしまい、多くの国の轍を踏み、歴史にはじき出されてしまいます。

日本を愛する人、あるいは好かない人が当惑するのは、他国との関係を絶えずまずくしてしまう、根本的な態度の違いを埋めることの難しさです。それは、西洋ばかりではなく他の主だった社会において人間関係を語り、倫理を定義付ける際に使われる言葉が、日本にはないからです。一種の行儀作法と呼ばれるもの以外に倫理というものが日本に、はたしてあるのでしょうか、私にはわかりません。倫理にしても作法にしても、つまるところ相反しない自己保存の発展形態なのです。

江戸時代の遺物としかいえないウチとソト（私たちと彼ら）という村人の考え方と、藩の領袖《りょうしゅう》の勝利にかける頑なな思いは、相互依存のご時世にあっては無用ですが、この点において日本人はなぜか（いつもの）コンセンサスの原則を受け入れることを良しとしないようです。当然のことながら、社会も個人と同様に、独自の規則を策定する権利がありますが、それは、結果として武力衝突や間接喫煙のように他人に害を及ぼすことがないことが条件です。

日本は「寡頭政治」の定義を改め、少数の権力者による統治の新しい規則を定めました。表面的な用語上の改革により、社会主義や民主主義への傾向に譲歩（妥協）してきましたが、「修正論者」が指摘するように、中には寡頭政治により大きな権限を与える策略が隠されているものもあります。そうはいっても、日本人は短期間のうちに着実に比較的高度な物質的繁栄を広きにわたって達成したのです。このことは、（いまや自らを「中流階級」であると納得させられた）人々から噴出し始めた不満の中でいささか色を失ってはいますが、見逃すことのできない事実です。

言うまでもなく、米国の寛容と純真さ、あるいは戦略があったことが日本に今日の物質的繁栄をもたらした一因ではありますが、これを世界制覇の単なる便法とみるべきではありません。一方で、より良い生き方と生活を享受したいという国民全体としての気運も出てきています。全盛を遂げるまでには二世代の年月を要するでしょうし、そのことは単に日本だけの事象ではありませんが、日本人の生存にかける天賦の才を新たに発揮する機会となり、その時こそ、日本は、まだ危険に満ちてはいるものの、より秩序ある世界のリーダーとして立派な地位を獲得すると思います。

選出された政治家は、自己の野心のため、あるいは気前のよい後援者や都合よく明確にされない国益のために働くのではなく、選挙民のために尽くすことを学ぶべきではないでしょうか。「主権」という言葉が急速にその含蓄を失いつつある時代にあって、政治家にとり一国の市民に奉仕する最善の道は、共生する人類全体に尽くすことです。

歴史への日本の貢献については、注意を怠ると、社会が物的な窮乏から解放される一方で、貧困の時代にはあった精神の探求まで放棄してしまうという時代の訪れを身をもって示すことになってしまうかもしれません。後続する諸国は、日本の過ちから学び、短く、空虚さが少ない唯物主義の時代を経て、文明開化の真の目的である礼節、知、情、精神の発達のプロセスを再発見することになると思われます。経済と雇用を生む、快適で便利な生活への欲求はあってしかるべきですが、軍事（殺人）産業であってはなりません。

日本が必要としているのは更なる維新、平成の維新です。すなわち、明治維新の規模で、諸外国との関係づくりの仕組みおよび哲学の総点検をすることです。哲学に関してはその欠如が問題ですが。敢然と因習の打破を図り、これまで自らの特異性を自己弁護してきた自己陶酔的な神話を破壊することです。これは、過去を破壊するためでも、過去を見境もなく飾り立てるためでもなく、また歴史の尊い遺産を汚すためでもありません。新たな維新こそが、歴史の尊い遺産を維持しながら、急速に発展する世界の一員として真の貢献をする唯一の方法だからです。

（一九九〇年一二月三一日）

# 5　イラク再考　〔IRAQ REVISITED〕

イラクのクウェート侵攻から一カ月後の一九九〇年九月、苦悶と予想もつかない結果をもたらすことになるであろう軍事介入を避けるために（食料品と医薬品を除いた）国際的な輸出禁止を強力に執行する必要がある、と論じました。でも、クウェートがあのような早さで解放された、と言えるのであれば、私の主張は間違っていたのかもしれません。しかし、その結果を祝うものは誰もいないはずです（ただし、依然としてどう見ても外国人やその他の疎ましい人々を殺す賢い手段である兵器を製造し、販売する業者は別でしょうが）。戦果以外に軍事介入がもたらしたのは、あらゆる面で誰もが予想した結果より多くの痛みを伴う手に負えないものでした。

日本の湾岸への関与に関する厄介な論争について、私は「日本の国際連帯行動に対する貢献策の不備がますます目立ち、時が経てば経つほど批判も高まることになるだろう」と書きました。「日本政府が約束する「最大の貢献策」は、後に延ばすことなく今、最大のものにする必要があります。ただ、最大の貢献とはどこまでを言い、やりすぎとは何か、という問題が残る」と。しかし、十分とは何か、不十分とは何か、を問うべきでした。残念ながら、遅きに失したようです。

当時、私は日本の掃海艇の派遣には反対しました。日本の多くの皆さんが懸念されたように、それを機に、期せずして敵対的な行為に巻き込まれるのではないかという不安からでした。このことは、憲法上または政治的な理由からも、そして息子を失うかもしれない母親たちにとっても、好ましいことではないからでした。その危機が去ってから早四カ月余が経ちます。いま四隻の掃海艇がペルシャ湾に向かっています。「でかした！」というべきでしょうか。

国際的な責任を全うすることが、あらゆる国家、とりわけ豊かな国々の義務である時、責任を免れる言い訳に憲法を解釈すべきではありません。また、見え透いた誤った解釈の下、最大級の目的のない軍備を持つ口実に憲法を利用すべきでもありません。憲法は執拗な日本の偏狭性を擁護するためのものと見なすのではなく、むしろ、国の評価はその軍事力ではなく、公正で平和な世界を生み出すという長期の課題にいかに積極的に貢献するかによって定まる時代をつくるためのものと捉えられるべきです。

新しい世界秩序をつくる、というと陳腐な美辞麗句に聞こえますが、それが信じるに値するものであれば、十分賞賛すべきものです。昔ながらの不正を永続させるための新しい偽善を生み出すのではなく、真にそれ以上のことをする意志があるのなら、勇気を持って考えてみる必要があります。

世界中のほとんどの人は、健康に恵まれず、怖れを抱きながら、あまりにも短い人生を送っています。そうでない人びとの大半は無関心です。人間の悲劇が起きても、遠くであればあるほど、または直接の利害に密接な関係がなければないほど、無関心を装っています。政権争奪に躍起になっている政治家は、外国人に親切にしたからといって再選につながるわけではないことを承知で惨事に無関心となるのです。

国際ニュースを見て涙をしても、絶望的な状況に手をこまねいて何もしないのでは十分ではありません。一人ひとりがこの問題に真正面から取り組み、答えを見つけなければならないのです。その間、社会としてできることはないのでしょうか。政府には政治以外にすることがあるのでしょうか。あなたはどう答えられますか。長きにわたる誠実な一生を通じ、尾崎行雄はそれに応えようとしたのです。

二千人のクルド人が山中で命を落としました。日本はまたもや国内外の人道問題救済の好機を逸しました。サイクロンに襲われたバングラデッシュでは、一五〇〇万人の被災者が出ましたが、その折にも日本はチャンスを失いました。このようなことでは、日本の政治は無情で、卑怯だという評判をつくってしまいかねません。いえ、残念ながらすでにできてしまっているようです。

でも例外はあります。すでに一九七九年には、尾崎の三女相馬雪香《ゆきか》が（政府にはインドシナ難民を入国させる意図がなかったなか）彼らを支援するために「インドシナ難民を助ける会」をつくったのです。その組織は現在、難民を助ける会（ＡＡＲ）として、アジア・アフリカの最貧諸国に現地での諸活動を行うために会員を送っています。

世界の良心から見放され、また、ノーベル平和賞を受賞したミャンマーのアウン・サン・スー・チー国家最高顧問にも見捨てられている、イスラム教徒の少数民族ロヒンギャ族を（政治的に）救済する、という案はどうでしょう？　それとも、いまもって第二次世界大戦の影に怖れを抱いているのでしょうか？

世界には一二〇〇万人のクルド人がいます。この数は多くの国連加盟国の人口を上回るものです。彼らは政治家のウソに愛想を尽かして、（いまのところは）自治だけを要求しています。たしかに、五つの主権国が隣接する地域に散在する民族に独立を許すことには、多くの反対意見があります。それぞれが領土を失うことや、不公平な地域の地図を引き直すことには五カ国のいずれもが抵抗すると思われるからです。

ほとんどがスンニ派教徒であるクルド人は、一四世紀間に及ぶイスラム教徒の宗派分裂に関わり、隣国の非アラブ系で宗教的には同志であるイランの助けを借りて、イラクの支配者たらんとする大志を抱くシーア派との拮抗が続いているのです。

スンニ派教徒のサダム・フセインを倒した米国の失策により、事態は大きく変化し、いわゆるＩＳ、イスラム国の台頭と、おそらくその破滅に向かって事が進んでいます（その一味や残党は、そう簡単にはいかないようですが）。

ことによると、七〇年前に当時の大英帝国がオスマン帝国崩壊後に案出した、メソポタミアのもうひとつの亡霊とも言える、すでに陳腐化している国イラクの存在を黙認する代わりに、理念を再定義することを含め、犠牲を払うべき時が来ているのかもしれません。

納得。でもイラクは「主権国家ですよね？」主権国家とは何ですか？

（一九九一年五月二〇日）

# 6　歴史を流れるままに放置することはできません

〔WE CANNOT JUST LET HISTORY OCCUR〕

近ごろ報道されたところによると、米国で日本人観光客の人気を博しているのは、自由の女神や国連本部ではなく、小説『赤毛のアン』の作り話の家だということでした。日本という穏やかな国で「和」という家庭的なさざ波にやさしく揺られていると、荒れ狂う波に洗われることはほとんどないのかもしれません。

年配の方なら痛ましく思い出されるように、常にこうであったのではありません。また、他の人が苦にするようなことにはできるだけ関わらず、面倒な自己省察をすることもなく勤労の成果を享受し、諸外国の出来事には無関心でいたいという国民性もおそらく理解できることです。もっとも、日本人ほど働き者ではない人たちにも諸外国への無関心は見られます。見慣れない外国の人びととの生活や波乱に満ちた歴史は、少々気がかりであっても就寝時刻には切ってしまえるテレビの連続ドラマのようなものにすぎないのです。

ここで一本の映画を紹介しましょう。時は二〇万年前。ところは東アフリカ。人類最初の母親の粗末な家で始まります。父親は出かけていて留守です。子どもたちは石を投げ合って遊んでいます。

この映画の結末はわかりませんが、話を続けることはできます。むしろ、私としては、歯を磨いて寝るまでソファーに横たわって世の終末を迎えるのを待つ代わりに、台本の執筆を手伝い、それぞれが長所を生かした役を演じる話をしたいと思います。

目下私たちは、多くの人の犠牲の上に少数の人が利益を得るのではなく、地球上のすべての人びとのために、あるいは少なくとも不平等な世の中において最善の利益配分を行おうという精力的な目的をもって、世界を管理する新しい時代に向かって暗中模索しているのです。世界の目にあまる不平等の恩恵を受けている人たちからは、大きな抵抗がありそうです。悪癖を改めるのは難しいことですが、他に選択肢はありません。日一日と引き延ばせば、地球はますます病み、何万という子どもたちが餓死してしまいます。

何年も前に現実をこの目で確かめて以来、私は、分別をもたないまま放置した結果たどり着く世界と、賢明に対応すればこうもなり得る世界の姿、というふたつの未来像に苦しんできました。暴君に対してはあまりにも寛容であり、私たちを甘やかし、堕落させる不公正なシステムがもたらす人びとの苦しみと、システムが無視するが故に苦しむ人びとに対して、意図的に無関心でありすぎたのです。

物質的な快楽と拙劣な勝負事に追われて毎日を過ごす私たちですが、一方の政治家は、打算から海外で最も価値ある慈善事業に税金を使い、子どもや孫たちの時代について感動的な演説を行うばかりです。これは、深刻化する悲惨な世界問題に対して、真摯に解決を求める努力をせずに、ただ後世に託すのでなくて何でありましょうか。それは、進歩ではなく、最悪の怠慢です。

しかしながら、現在使われている世界地図とその地図が故に起きる種々の出来事の基となっている誤った前提に対し、改めて疑問が呈されています。尾崎行雄をはじめ、多くの人びとが提起してきた問題であり、決して新しいものではありません。しばらくは、時代遅れの国家主義が、再発見された種族主義に拮抗する分裂の時代が訪れ、その後にいままでにない新たな連合体が生まれるまでは混乱が続くことになるでしょう。

過去に見られたように、国々を一掃することも、歴史を否定することもできませんが、それらの定義を改め、歴史の不公正な変遷から希望に満ちた結論を引き出し、依存し合う異民族により構成される人類のくにの各州として、すべての地球市民のために平和に治めていくことはできるはずです。

とはいえ、歴史を流れるまま放置することはできません。いまこそしっかりと歴史を手にとり、世界の再構築に慎重に取り組むべき時です。現存する世界のままでは、人類は生き残ることはできません。グローバルな規模で教育に新しい目的を与え、若者には、画一的ではなく、多様性を持ったひとつの世界の良き市民となるよう新しい理想を与えていかなければなりません。

世界の国々がそれぞれの特徴を大切にしながら収斂する場として、また、平和への探求を推進し、諸国の連合を促す事柄をまとめていくためには、国際的なシステムが不可欠です。それにはまず国際連合とその諸機関をもって、「人類の議会」の「下院」とすることができると思われます。

この根本概念は、「人類のくに」に由来しています。といっても、人類のくにを代弁する恒久的な声がありません。矛盾なく設立され、私たちを悩まし、分裂させている問題に取り組み、必要に応じそれらの調停を任せられる実体も存在しません。世界を統治し、それに伴う人類の再教育を推進し、調整する責務を負うものもありません。主権国家の集まりでは、本質的に不適当です。さりとて、ひとつの世界を目指す私心のない活動の中心となるものもありません。

主権国家の集合体である世界の大混乱を切り抜け、人類のくにの「エンバシー」を構築して、大きな希望を実現し、私たちを分裂させ、飢餓と恐怖に苦しめている事柄を克服するための努力を率先して行うことが必要です。これこそ日本の歴史的機会なのです。

（一九九一年九月三〇日）

## 7　憲法から平和を取り除くべきではありません

〔DON'T TAKE THE PEACE OUT OF YOUR CONSTITUTION〕

これから数世紀にわたり世界を治める枠組みを考える中で、日本の役割について思いを巡らす時、気がかりとなるのは、平和憲法と民主政体を掲げ、記録的なＯＤＡの額を拠出している国が、依然として多くの国々から中傷され、見損なわれるのはなぜかということです。ひとたび事が起これば再燃する問題を含め、人類の家族とも言える諸国家の中でいつまでもよそ者でいることによる危難を回避するためには、何をすべきなのでしょうか。

どの社会にも、外から見れば欠点と言われる特異性があり、日本にもあります。一方で、好ましい特質や賞賛される業績もあります。自慢できる独自性や優秀な自動車を造る能力などのほかに、日本を特異なものにしているのは何でしょうか。日本人は、他国の人にどう思われるかについては実に敏感です。批判、とりわけ不公正な批判にはきわめて神経質です。また、残念なことに、直接関係のない問題には無関心を装うという考え抜いた姿勢が脅かされることを怖れるためか、自己反省には消極的です。

一方、日本人は教育を受け、広く世界を旅し、見聞を広める中で、個人として、あるいは国としての選択肢を探り始めています。心をひとつにして、かつてなく重要な根本的な決断を下さなければなりません。その決断が世界の歴史の次の段階における日本の立場を決めることになるのです。

まず何に手をつけるべきかといえば、人びとの生き方を変える動機を養う、教育の改革です。国際会議の数は多く、無数の演説がなされますが、そこでは人を説得するに足る内容は乏しく、口先だけの無意味な戯言が繰り返されるばかりです。といっても、中には、いままで避けてきた変革を国内で引き起こす力を発揮できる人びともおり、望むなら後世に残る崇高な結果をもたらすことができるのです。

頼れるのは若者であるかもしれませんが、それならまず教育者を育てよう、と時間を先延ばしすることはできません。見た目にあでやかなファッションを追う代わりに、地味な「責任」に若者を駆り立てる目標が欠けているのは事実であり、日本には、国際的に富める国の手を汚すような「3K」の責務を巧みに避けているという悪評があります。何をしたら自尊心を身につけ、諸外国の真の尊敬を得ることができるのでしょうか。

これは本質的には、卑下することなく、私利私欲を求めず、奉仕する精神を養うという道義の問題ではないでしょうか。慈悲を説く宗教ができなかったことを、実益主義が可能にするかもしれません。為政者の責任とは何でしょうか。英語の大臣に当たる言葉「minister（ミニスター）」は、奉仕者（servant）である下僕《しもべ》を意味するラテン語を語源としています。首相（prime minister）は「主僕」ということです。省庁（ministry）は「仕える」ために存在するのであり、「行政」はいわば政府が供する「サービス」です。したがって私たちはお互いに、支配者や競争者としてではなく、奉仕者として生きるべきであり、国家を含めあらゆる機関も同じです。日本は、誇り高きサムライとしてではなく、マハトマ・ガンジーやネルソン・マンデラのような英雄を見習ってはどうでしょうか。彼らの奉仕の生き方は、世界中の尊敬を集めるばかりでなく、同時に実利的です。一考に値するでしょう。

日本は、憲法から平和を取り去るべきではありません。むしろ、非暴力によって紛争を解決し、人権を広く擁護し、地球上の生命を保護し、すべての人を思いやることを加えた憲法を持つ世界初の国となってください。日本の皆さんの天分と寛大な心を惜しげなく捧げ、皆が切望する世界にふさわしい存在になってほしいと思います。

いますぐにも求められている決断は、国連平和維持部隊で日本が果たすべき役割についてです。米国には、政治的連帯と財政負担を求めて、第二次世界大戦後日本に押し付けた、そしてすでに便宜的に再定義された平和憲法の基本条項第九条を廃止する時だと主張し、更に日本は国連公認の平和維持活動に武装部隊を派遣するべきだとする声があります。同時に、平服の日本人に対してでさえ割り切れない感情を持っている韓国、中国、東南アジアの人びとが、軍服姿の日本人を受け入れるなどとても考えられません。

他方、多くの日本人は、彼らなりの理由から反対する若者、そして一部の政治家も含めて、海外派兵には当然の根深い忌避を持っているとはいえ、国際政治の舞台で日本はいつまで窮屈な坐禅を組まなければならないのでしょうか。

日本のためになり、そして世界にも貢献しながら、尊敬を得られる中庸の道、あるいは新しい道はないのでしょうか。あります。

（一九九二年一月三一日）

# 8　中庸の道　〔A MIDDLE PATH〕

日本は平和維持のために、あるいはそれとはまったく趣旨が異なる平和回復のために行われる国連が主催する軍事介入に、資金だけではなく危険をも分担すべきだと、一部の国々から圧力をかけられています。日本人は、複雑な気持ちとそれ以上に深く感じるところがあって、それを望んでいません。圧倒的に、海外における軍事的な役割を果たすこと、また、そのことを許す憲法の改正を拒んでいます。予測できない公約を拒み、「平和維持のため」と言われても、原則的に銃撃戦に参加することを強要されることを可としません。また、そっとしておきたい記憶を呼び覚ますこともしたくないのです。同時に過去は無くならないことにも気がつき始めています。では、中庸の道とは何でしょうか。

日本人には傷つけられた誇りにより、憲法を忠告または抑制と見るか、あるいは実際には行いたくない選択からの避難所と見るかにかかわらず、資金力をもって国際的な危機に参加することを拒み続けることはできない、という圧力がかけられています。日本は新しい法律を施行し、速やかに、特別に訓練された非武装かつ厳格に非戦闘の支援要員を国連の制服を着用させ、国連の安全保障理事会の決議に従い、国連の指令の下、あるいは国際赤十字やその他の承認されたＮＧＯに配属して、あらゆる人道的な活動に従事できるようにすべきです。

派遣要員は自衛官や政府機関の職員ではなく、ボランティアであるべきです。（ただし、自衛隊を退職して国際的な奉仕活動に志願することを阻むものはまったくありません。）二カ国語を話すリーダーの下、グループで任務を遂行すれば、英語ができるかどうかは必要条件にはなりません。適切な運営が行われれば、世界各国で働くボランティアはもとより、有能に任務を果たす日本人を集めることができ、日本の評価を大いに高めることになると思います。

これらの行動は、決して国際社会の非難を避けたり、外国の戦場に軍隊を出動させることに伴う弊害を回避するための体面を繕う方策としてではなく、世界の良心の代表として積極的な役割を果たすという国民的決意の象徴として行うことが重要です。

豊かで高度な教育を受け、感情的に戦争を忌避し、それを憲法に謳い、自尊心および名誉ある国際的な指導力を模索する日本人をおいてほかに、誰が平成の時代（として知られる、今上陛下の御代）において、新たな国際平和を推し進め、人びとを分裂させ、地球上の生命を脅かす諸問題の解決を行うことのできる民族があるでしょうか。

これこそ、日本の史上最高の瞬間となり得るのです。また、そうすべきなのです。準備のために政府諸機関を動員し、市民はこぞって声を挙げるべきなのです。

国内では、ＰＫＯをめぐって当事者以外には聞こえてこない低い小声で、議論が盛んに行われています。「いよいよ外圧に屈して海外での厄介な任務を引き受けなければならないのか（そして憲法が明らかに禁じていることを実行するため、都合の良い憲法を改正するか、解釈を改めなければならないのか）、それとも現行憲法は押し付けられたものであると愚痴を言うのをやめて、九条を固守するのか。ＰＫＯに参加するのか、しないのか」

という議論です。日本は、参加に踏み切れば非難され、しなければしないで非難を受ける八方塞がりの状況に置かれています。

「平和」憲法が制定された当時とは状況は変わり、日本も変わり、一九四七年当時には夢想することなどなかった役割がいま期待されているのです。日本は、（憲法が禁じていながら保有している）強大な軍隊を国連の平和維持活動に役立てるべきだとの主張があります。憲法は神聖なものではない、時代に合わなくなった条項をもって、他の国連加盟国が担っている平和維持に対する集団的な責任を回避すべきではない、というのが強い主張になっています。

（一九九二年五月三〇日）

# 9　目隠し鬼ごっこ　〔BLIND MAN'S BUFF〕

ブラント元ドイツ連邦共和国首相がポーランドの旧ユダヤ人居住区で言葉なくひざまずく姿は、ドイツ国民の深い悔恨の念を象徴するものでした。その行為は本人や祖国ドイツを辱めるどころか、彼を一躍英雄にしました。ドイツ人の悔恨の誠意が通じたその瞬間、ドイツは暗黒の過去から解放され、長い苦難に幕が下りました。日本はまだこれをしていません。（ブラント氏の死期にあって、戦争を知らないドイツの若者が、二度と再びあるまじきと思われていた行為に走り始めたことは、残酷な皮肉です。日本の若者はこのようなことはしないでしょう。）

ポーランド人は承知のことでしたが、カチンの森の虐殺がソ連軍の手で行われたことを最近になってロシアが認めました。また、一九四五年の英空軍による「じゅうたん爆撃」で三万五千人の死者が出た旧東ドイツ・ドレスデン市をエリザベス英女王が和解のジェスチャーとして勇気ある訪問をされましたが、皮肉なことにそのわずか数カ月前にこの猛撃を指揮した将軍の銅像の除幕式に英皇太后が出席されておられたのです。（女王に卵が二個投げつけられましたが、いずれも当たりませんでした。）

日本をはじめその他の諸国にも「南京大虐殺」はなかったと主張する人がいますが、事実そのことが忘れられることは決してなく、史実を否認することはできません。悲しいかな、否認あるいは無視したからといって消えることはないのです。日本のこのようなごまかしは、うまくいくものではありません。

日本人にとり、若者に至っては生まれる前の三〇年代、四〇年代のことで知る由もなく、教わってもいないことではありますが、外国では若者も含め、多くの人びとの胸に辛い思い出としていまでも息づいており、これまでの誠意に欠けた謝罪では思い出が消え去ることにはなりません。決して昔のことではない恐ろしい出来事について、大半の日本人が無知、あるいは無関心で、悔悟の念すら持っていないとしたら、なす術はほとんどなく、歴史の大きな流れがよどむことになります。本人のみがその胸の内を知っているのです。優秀な若者は心あると信じます。

日本は悔悟をどのような行動で示したらよいのでしょうか。日本の心ある皆さんに検討していただきたく、僭越を覚悟で提案させていただきます。民間の見識者から成る委員会が、国家として悔悟を示す行動を提起するのも一案です。重責を背負われる無垢の陛下、皇族方も含め、日本の老若男女国民のすべてがアジアを向き一分間の目礼を行うのです。道往く車も、電車も停止し、工場は操業を中止し、ラジオ、テレビも一分放送を中止する。国を挙げての黙禱（あるいはどのような形であれそれぞれが悔悟の念を表せばよいのです）。荘厳にして感動的な光景となるでしょう。言葉は無用。天皇はまさに憲法の規定する「国家の象徴であり日本国民統合の象徴」としての役割を果たされ、その指導力と勇気に敬意が寄せられることでありましょう。覆水盆に返らずです。過去を取り戻すことはできません。が、世界は、先代の所業の責任を負う現代の日本人を許すでしょう。そして歴史はよどむことなく再び流れるでありましょう。

しかしその悔悟の念も、本質的かつ補完的な形での真の贖《あがな》いが伴わなくては、誠意のないものに終始してしまうでしょう。（本書14章を参照のこと）

日本国民は、見て見ぬ振りをして過去の事実を隠蔽するのをやめ、逃避することなく歴史と向き合い、史実を認め、まず自らと子弟に対し、そして他者に対し説明責任を負わなければなりません。

次に、日本は国家として、日本が傷つけた人びとに多額の賠償を支払わなければなりません。あるいは、広く認識されておらず、今後求められると思われる賠償はすでに行われていることを少なくとも明らかにすべきです。それなくして傷が癒《い》えることはなく、当事者がすべて亡くなった後も長く若い人びとに重荷を背負わせ続けることになってしまうでしょう。

日本が成熟してこのような痛みを伴う手段を取ることができれば、私たちは過去に別れを告げ、共に未来に向けて前進することができます。とはいえ、どのような未来を望むのでしょうか。未来の形成に日本はどのような役割を果たすべきなのでしょうか。未来はすでに始まったのでしょうか。

いいえ、始まってはいません。近い将来始まる兆候があるとも思えません。私たちは、何事も「インターナショナル」にすればよいと思い込まされてきました。が、これは従来の「国際」の意味する「国」と「国」の関係とは異なります。なぜならそれは何としても避けたい時代錯誤に陥るものであり、過去の戦争の原因となった分裂と不公正の源泉である不均衡を温存することになるものだからです。

国際システムはそれなりに役を果たしてきました。人類を分裂させる原因である国家の代表者を集め、各国が利益を調停することに努めてはきたのです。国際主義の殿堂といわれる国際「連合」は、英語で言えば United Nations、諸国の「和合」とでも訳すのでしょうが、戦後の世界においてあるものの下院としての機能を果たしています。（その「和合」の殿堂には、例えば、ユーゴスラビアやボスニアなども加盟しているのです）。しかし、この国連という国際機関は、第二次世界大戦の戦勝国が、その勝利を永続させ、自己利益に沿って世界を進展させることを意図して創設されたものなのです。

次章では、この「あるもの」とは何か、その中での日本の役割について考えていきたいと思います。

（一九九二年一〇月二一日）

# 10　何の議会ですか　〔A LOWER HOUSE OF WHAT ?〕

前章で、国際連合はあるものの議会としての機能を果たしていると書きました。また、国連の名称をあえて括弧つきの「連合」（英語では和合したとか、一心同体の意味）としたのは、その皮肉さを強調するためでした。

国連憲章に謳われた高慢な精神を嘲《あざけ》るかのように、野放しの乱闘が世界中で連発していますが、これは国連の敗北を物語るものでしょうか。

国連の調停力を、戦争防止に失敗した事例を取り上げて問うべきではなく、むしろ戦闘に至らなかった事例をもって評価すべきです。この半世紀の間に世界の状況は変わりました。それに伴い、人びとの抱く怖れや希望もまた変わりました。創始者が意図しなかった役割を国連に問い、それを果たしていないからといって責めるのは当たりません。

国連は、後にどのような欠陥が明らかになるとしても、それぞれが分裂の諸要因を抱えながら一堂に会し、共通の利害および妥協を見出す努力をするためのフォーラムとして構築されたのです。第三次世界大戦が起こることを望んだ人は誰ひとりいません。第三次大戦は起こっていないのです。これまで繰り返された失敗は、第三次世界大戦の勃発に比べればはるかに小さな悲劇ばかりです。

国連は諸国の新たな（より良い）聯盟、あるいは議会となることを目指して、設計されたのです。そして、明らかに非民主的な議会制度に予想されるあらゆる限界を抱きながらも、下院としての機能を大方果たしてきました。国連はすべての民族はもとより、世界のすべての国が代表されているわけではありません。組織内においてもすべての加盟国が同等に代表されておらず、同等の権利を付与されてもいません。同等に代表も権利も与えられていない加盟国を排除・放逐する権限すら持っています。過去を認識した上で、引き続き高まる国連の重要性を認め、また国家間の対話と紛争の解決を図るためのメカニズムを提供する意味で、国連を尊重すると同時に、その歴史的な進化の過程を踏まえて見ていく必要があります。

国連が発足して一二年後、中米では近隣の二カ国が激しい戦闘に揺れました。国連が提唱するすべてのことに反する不合理な戦争の真っ只中で、私は人類はひとつの国の同胞であるという認識の下にエンバシーをつくることを構想したのです。エンバシーといってもコンクリートでつくる建物でも、官僚主義の組織でもありません。また、平和の名の下に、戦争を引き起こすようなシステムを永続させるためのものでもありません。同質性が高い国においてすら十分には機能しない議会制民主主義を重大な欠陥があるまま模倣して、多数の文化が共存する世界で平和と正義を達成しようと考える本質的な誤信を克服するメカニズムが必要だと考えたのです。

国連は、人類のくにの議会の主要な機関としての機能を果たすことを、その可能性とともに、義務として求められています。ところが、諸国家で構成されている機関であるという単純な理由から、世界の諸悪を減らすことを模索する一方で、他のどの勢力よりもその悪を生み出し、永続させるシステムの枠を抜け出せないでいます。諸問題の解決を阻んでいるのは、世界が諸国家（あるいはその属国）に区分されている以上、国際システムにすべての答を求めることができるはずだという思い込みです。とはいってもこれは、機構として必要で不可欠な一部なのです。

かつては神聖な壁と考えられた主権国家の国境は急速に侵食され、その正当性が問われる新しい時代になりつつあります。問いかけは国外より、むしろ国内から起きており、経済や環境面など主権国家ではなく、多様な国々の共同の利益を考えて対応せざるを得ない要因により提起されています。収斂する歴史によって脅かされ、また豊かにもなるひとつのくにの地方として最愛の祖国をとらえ、国境の内外で見られる私たちそれぞれの特質を大切にし合うことを学ばなければならない時代なのです。地球の良き市民として、管理者として、お互いに良き隣人でなければならず、ためらわずそう主張すべきなのです。

人類のくにでは、歴史を背景とした感情にとらわれることなく、何人も排除されることなく、差別もなく、皆が代表されるべきです。そこでは、すべての市民の正当な権利が偏見なく是認され、人類の安全と幸せな生活を保障するために将来を見据えた賢明な施策が推進されます。このような地球国家が実現してこそ、分裂と嫉《ねた》みと怖れと近視眼の中で生きる今日の暗黒の時代から光明の時代へと文明が前進できる状況が生じるのです。この意図を説明し推進する哲学が必要であり、それを具体化して主張する機関が必要です。また、この意図を生活の中で育むという姿勢が必要です。

次章からは、人類のくにのエンバシーの概念、その良き市民となる教育、動員の方法についで考えていきたいと思います。日本の皆さんにはこれら遠大な事業にきわめて重要な役割を果たす機会があるのです。これについても論じてみたいと思います。

（一九九三年三月二日）

# 11　分岐点　〔THE WATERSHED〕

シエークスピアの言葉にあるように、世界がすべて私たちの舞台であるなら、前章で日本の皆さんに振り当てた「きわめて重要な役どころ」とは何でしょうか。いままで、演じられたことのない、難しい台詞と役をこなす器量が皆さんにはあると考える理由を述べたいと思います。

たしかに、日本には重要な役どころを演じる力量など備わっていない、という声はあります。いままで前向きに関心を示してこなかったこと、また、歴史的にもその機会が与えられず、故意に生気を殺《そ》がれたとはいえ、経験不足であるという理由からです。

まず、芝居のあらすじを見てみるとしましょう。序幕で気づかされることは、それがあくまでも人類の壮大な叙事詩のひとこまであって、決して終幕ではない、ということです。

幕が開くと、そこには、見慣れている、分裂し、怯え、不公平で、悪政がはびこってはいるけれど、希望がある現代の世界があります。見慣れたこの背景を舞台に、今日の分裂と憎しみと疑惑と貪欲を生んだ戦争や小さな目的に苛《さいな》まれた過去からの脱却を探るという物語です。

陰惨な日常にも、時折文明が光彩を添えます。互いに人間らしく振る舞うことを学ぶ、終わりのない、または永遠に続く崇高な行為と思想のプロセスの光です。ようやく、痛ましい分裂と残忍な行為に満ちた時代を越え、人類はそれぞれの地方で賢い政治が行われる時代の到来を期待できるのです。

これから私たちが演じることを期待されるエピソードは、人類史の中間点での、対立から共生へ向かう過渡期の話です。多様性がもたらす分裂と対立の世界から、多様性を育みながら、共通の目的を掲げ、平和な世界を築く道を見出すのは、長く多難な道程になることでしょう。これには、ヴィジョンと、ふたつのものが必要です。ひとつは「大使館（エンバシー）」であり、もうひとつは「工場（ファクトリー）」ですが、後者については後の章で論じたいと思います。

前の章でも言及した「エンバシー」とは、ヴィジョンを表現した哲学であり、その哲学を教育や政治のあらゆる分野に鼓吹することです。そして生活や制度に具現化する方法であり、混乱に満ちた諸国家の外に、国際社会の機構（や概念の障壁）を超えて存在し、人類の公益を代表し、個々人の利益を調停して地球上のあらゆる生命の生存のために機能する機関のことです。エンバシーは全世界のために存在するものですが、まず日本が屋根を提供することを期待できるかもしれません。

日本人の中にも先を見据えていた人がいました。尾崎行雄は、日本が破壊的な国家主義の時代に突入する何年も前から世界連邦を説いていました。尾崎がこの世に生きて、皆を戒め、鼓舞してくれたらと思わずにいられません。ですが、国の目的達成の手段として戦争はしないという無比の感情を日本人の心に育てたのは、主として太平洋戦争での痛ましい不運であり、戦後の平和憲法です。国の目的達成の手段としての戦争を回避する、という日本人の心意気は、かつて日本と世界を襲った熱病よりはるかに日本の皆さんに相応しい選択です。

日本は過去に固執すべきか、未来に向かうべきか、というジレンマに当面しています。これは通商や発明の問題ではまったくなく、世界においてどのような役割を果たすべきか、アイデンティティの問題です。他国を模倣するばかりでは、退歩あるのみです。過去において、普通の国になるという安易な道を取らずに、慎重に関与をしなかったのは、皆にとって幸いなことだったのかもしれません。

世界平和を追求する舞台で、名誉ある場を獲得するために鬱積したエネルギーを使いたいのであれば、困難ですが良い方法があります。日本が人類の歴史の要のひとつになる機会があるのです。嫉《ねた》み合う諸藩をして国家を興した日本は、分裂する諸国をひとつの世界に融和させることができるはずです。

そのためにはまず、日本の新しいヴィジョンを周知させ、国内で論議を尽くすことです。憲法第九条をマスコミの協力を得て、単に戦争を回避するためではなく、平和を追求する強い誓約として保持しなければなりません。目立つことなく、汚い危険な仕事に恐れず取り組み、世界のために奉仕する技能を持った人道的なボランティアと環境防衛隊を育て、諸国が軍事力に支出する巨額の資金と同額を投じるべきです。日本をして、人びとの苦難を解決し、世界の平和部隊の要にすることです。

教育は、過去においては国民を型に嵌めるために行われましたが、これからは、人を自由にするためになされるべきです。若者に嫌なことはすべて巧みに避けることを教えれば、卑劣であることを公に許すことになってしまいます。むしろ、不正やあらゆる苦しみや暴力に果敢に挑むことの誇りと、すべての人びとと心からの連帯感をもって協力し合うことを教えましょう。

指導者を選ぶことは民主政治の特権です。彼らの責任はもはや国内にとどまらず、広く外に及ぶものです。日本は変革の縁に立っています。歴史は日本に主役のオーディションに挑戦する機会を与えているのです。何という素晴らしいチャンスでしょう!

（一九九三年七月四日）

# 12　コンサートの喧騒〔A CLAMOUR OF CONCERTS〕

いままで信じてきたことを信じ続けようではありませんか—すべてではないにしても—たとえ考えを変えた人がいたとしても、歴史に一瞬見捨てられたという思いがみなぎったとしても。これまで追い求めてきた理想が正しく、また、この不安定な世界を注意深く見守り、理性をもって冷静に世界情勢を見据え、奥深く秘めた信念が不動のものであるなら、それはいまも変わらない夢であり大義だからにほかなりません。これまでになく障害が大きく、多難な将来が待つこの時代にあっては、なおさらのことです。新しい英雄が必要とされているのかもしれません。なぜなら、怖れるものが多く、最も待たれる時に英雄は出現するものだからです。

世界は変わりました。突然、終わることがないと思われた冷戦の危機から解放され、慎重ながらも一時は過去の終焉を期待することができたのです。といっても、イスラエル—

パレスチナ、アルメニアやアゼルバイジャン、アイルランド、カンボジア、南アフリカ、ソマリア、アンゴラなどではかすかながら平和の光が差し込むことが期待される一方で、ボスニア、スリランカ、アルジェリア、北朝鮮、あるいはロシアでの選挙所や米国の街中などで希望が打ち砕かれています。これはいったいどのような世の中なのでしょうか。

ヘビメタのレクイエム*とモダン・シンフォニーの組み合わせのように、はなはだしく不調和でありながら歴史的には補完し合ってきたコンサートが世界の舞台でリハーサルされているかの如く、威嚇的でかつ希望に満ちた奇妙な時代なのです。大半の民族国家は小さい帝国にほかならないとすると、帝国は大小を問わず、崩壊しており、それらの亀裂の音が聞こえてきます。同時に、欧州連合、NAFTA（北米自由貿易協定）、GATT（関税及び貿易に関する一般協定）は、経済協調の誓いを立て、環太平洋諸国は対話を重ねています。国々はますます小さくなり、経済はますます大きくなっています。

世界に存在する政治主体の数が二〇〇であれ、二〇〇〇であれ、二つであっても、名称が何であろうと大した問題ではありません。肝心なことは、そこに暮らす人びとにとり善き主体であること、そしてそれぞれの良き慣習や文化を大切にしながら、利点や責任の調和を取りながら公正に配分する一般則に同意することです。残念ながら富める国はこれらにほとんど熱意を示さず、権力ある機関はその計画を促進する努力をしようともしません。

他方、既存の不完全な機関は、民族国家の持つ根本的な落とし穴や国の礎である民族主義を解決するために構築されたのではありません。むしろ保全するためのものです。欧州連合の加盟国は（域内において、必要最低限の）統合を図るという課題に苦悩していますが、ほとんどの国際政治機関は、国家が存在するかぎり必要であっても、融和を図るという野望はありません。

その結果、既存のグローバル・システムを永続させるため、そのシステムを廃止あるいは超越しようとする政治的な試みは一切拒否されてしまいます。紛争を醸成し、他民族の争いの漁夫の利を得、「ウチとソト」という二重構造の環境政策や経済政策を実施し、軽蔑し合い、恨《うら》むことを教える民族主義的な神話を生むことにより、システムの保全が図られるのです。私たちは大きく変化した、あるいは変化しつつある二一世紀の世界に、未熟な機関と一九世紀の熱情で対応しようとしています。それらは相容れるものではありません。

民族主義が変革されないかぎり、それが支える国や人類の生存すら脅かされることが認識されてきています。私たちは恐怖と人間愛の情をもって、民族主義の恐ろしい結末を見守っていますが、更に多くの悲劇が生まれることは疑いありません。同時に、共に痛みを分かち合わなければならない世界的な環境破壊の実態を突きつけられ、共通の目的意識に向けて駆り立てられてもいるのです。

これだけではありません。世界の歴史において、いままさに転換点に立っていること、その先はまったく異なる状況が待っていることが認識されつつあります。経験のない状況において新しい機構を創設し、人類はひとつであるという認識の下に地方の政治を考えていかなければならないのです。現在世界を分裂させている原因が、すぐに、あるいは決してなくなることはないでしょう。したがって、分裂の原因を超えて存在し、予測できない将来にわたり人類全体の、そして個々の利益を代表するエンバシーを創設する必要があります。

しかしいかに考え尽くされた機関であろうとも、私たちが変わらないかぎり、無秩序な世界を管理し、あるいは調停に当たる力をつけることはできません。新しい夢に向けて憲章を謳いあげるだけでは十分ではありません。「人類のくに」の住民であり、自らを統治する方法を定める有権者である私たち自身が、地球市民の権利と義務を熟考し、日常の生活においてそれらを実践していくことが必要なのです。不参加ではすまされず、日本人とて例外ではありません。皆さんはリードできますか？　なさいますか？

人間として価値のある将来を迎えるためには、解かねばならない重要な方程式がありま す。その方程式の項として希望に満ちた人びとが、世界各地で力を合わせてこの歴史的な事業を進めていくことになるでしょう。その事業の「ファクター」として、個人、またはグループで、大きな夢に加わり、よりよい将来を果敢に目指して、皆が安心して帰属できる最初のくにを創設する先駆者となろうではありませんか。

（一九九三年一二月二〇日）

＊軍備の葬送曲とかけている。

## 13　山の向こう側　〔THE OTHER SIDE OF THE MOUNTAIN〕

ここで言う日本政府とは、広義の意味で使っており、決して日本政府だけが、ということではありませんが、外圧に急き立てられて、国内での行動と同様に、実際の必要などはほとんど考慮せずに、政治・経済的な功利を得ようと海外援助に税金を浪費しているのではないかと一般に疑われています。国民の多くは、詳しいことはほとんど知らずに、政府の海外援助があれば十分、自分が外国人のために犠牲を払ったり、面倒な心配をする責任から解放されたとしか感じていません。

外国人、特に人種の異なる場合は、どこにおいても困難が伴い、ハンデもありますが、私の経験から言うと、他国でもそうですが、ここ日本でも、同時にその国の人たちの親切に触れるチャンスでもあるのです。とはいっても、大方の日本人は外国人が苦手です。（このことは、いみじくもハワイ支社の販売担当に任命された日本の大手エレクトロニクス企業の社員が、英語の家庭教師に思わず漏らした「外国人はごめんだ」が物語っています。）

北欧のある国の市民は、難民、飢餓に苦しむ人びと、人権侵害や自然災害の被害者などを対象とする海外の慈善事業に、国民当たりで見ると日本人の五〇〇倍の貢献をしているといわれています。日本では「ボランティア精神」と口にしますが、実際には、本当に理解されてはいないのです。

その背景を探れば、長期にわたり地理的にも文化的にも孤立していたことと、仏教の教義が修正されたことによるのではないかと思います。初めて来日した三〇年前には、慈悲深い観音菩薩（菩提薩埵《ぼだいさった》）に懸命に願い事をしている人びとがいましたが、他者への慈悲を説いた釈迦の教えには関心が低かったように見て取れました。ただ、その日本にも、今日まで個人、特に女性を枠に閉じ込め、その精神を押え込んできた封建的な文化の諸勢力に敢然と立ち向かう人間愛の源泉があることに気づくのに時間はかかりませんでした。

人間の持って生まれた慈愛の心は、特に海外に旅行したり生活したりした経験を持つ日本の若者の間に、異人種や異文化の人びとに対する関心や尊敬の気持ちとなって現れてきています。これが長年にわたる友情や、ひいては人類は同胞であるという気持ちに発展し、海外での人道的な課題や運動に直接関与するようになるのです。

まさにこれこそ日本にとり時宜を得た出来事であり、世界との関係づくりにおける重要なステップです。政府には政府としての本分があり、同盟に参加し、条約を結び、CNNのニュースにも数多く取り上げられ、騒然とした国際情勢の中をひた走る国家というトラックの運転をも任されているのです。

現代の政府は変動が激しく、短命のうちに内外の現実政治の緊急策に追われています。国内で深遠な変化を起こし、歴史の大局観において国の役割とその重要性を左右するのはほかでもない、成熟し進化する市民の意思なのです。今日ほど、市民が指導者を選び、また、市民の中から指導者が生まれる時代はありません。

私たちは、いままでとはまったく異なる世界を迎えようとしています。政治的な地図（更に恐ろしいことには地形さえ）も変わり、今後長期にわたる激動の時代を経て、世界の力学も徐々に、かつ不規則に変わっていくことでしょう。それは、時代遅れの目的のために旧態依然の国家が便宜上あたかも一夫多妻的に連合する無秩序な社会から、秩序ある公正な関係を打ち立てていき、人類を脅かす苦悩の根源を徐々に解決すべく努力を重ねていく準自治的な小規模な国家の連合の集合体への変容です。

この長い変革の時代を経て未来に至る過程において、人類の利益を最大限に代表する多面的な機構が必要であることには、何度も触れてきました。それが長年の夢でもある「人類のくにのエンバシー」です。また、（ここにおられる皆さんがいまから）来るべき変化に、そして変化が生み出す世界に関わる準備をするための機構、「ファクトリー」についても言及しました。一人ひとりは、多様な資質を持ち、変革のプロセスに不可欠な、かけがえのない「ファクター（要素）」なのです。それぞれが変化のプロセスにおける自己の立場を自覚するとともに、この重要で膨大な事業に積極的に参加することによって、意義深い充実した人生を送ることができることを確認する必要があります。

日本にはこのプロセスに是非参加してほしいのです。すでに、「人類はひとつのくに」であるべきとの認識に目覚め、そのような生き方をしておられる人びとがいます。その方たちが構成する小さなグループ（「ファクター」）の巨大なネットワークを国レベルや世界規模で創成していく過程で、日本は中心的な役割を果たしていくことができると信じています。この瞬間にも、自らを変えることによって世界を変えようという、「新しい人」と呼ぶに相応しい人びとが世界各地で誕生しています。これは決して犠牲を強いることではなく、未来に対する投資です。人類のくにを目指すことは、祖国に背くことではありません。日本でこの呼びかけに応える人びとこそ、国の長所を守り、かつてない良い時代の先駆者や指導者となることでしょう。

（一九九四年三月二八日）

# 14　普通の国、それとも非凡の国？

〔ORDINARY OR EXTRAORDINARY COUNTRY？〕

前章を書いてから四カ月が経ちましたが、混沌とした世界はますます耐えがたく（ルワンダ）、和解はできず（ボスニア）、不可解で（北朝鮮）、病的興奮むき出し（ワールド・カップ）、そしてますます予測できない状態（日本の政治）になってきています。一方（中東のように）希望の光が見えてきた地域もあります。長年続いた暗黒の地に変化の風にあおられたろうそくの火が明るさを増してきているのです。予告は当たるでしょうか。

前にも書きましたが、日本には歴史的に重要な特別の役割があり、この国にしか果たせないリーダーシップがあるのです。なぜなら、それは、主要国の中で日本だけが過去の自画像に飽き足らず、新たなアイデンティティを求め、気が進まない人たちがいる中、世界の諸問題の解決に大きな貢献を誠実に果たす必要を強く自覚している唯一の大国であるからです。「普通」の国になってしまっては、その機会を逸してしまいます。あえて繰り返して言うと、日本は「普通」ではなく、むしろ普通ではない国になる必要があります。日本は普通の国ではないのです。これからの指導者は、日本を、国を挙げて人類に奉仕する国、地球の保全に貢献する国にしていかなければなりません。

私は、以前に行った提言（九章を参照のこと）を撤回します。今日の日本の皆さん――過去を否定しない方々、過去に関わらなかった若い人たち――は、過去の過ちを詫びる必要はありません。彼らの罪ではなく、過ちを犯したのは人類なのです。過去に学び、次に続く世代により賢くより公正であるよう、再び世界が今日のような残酷な状況に陥ることを決して許してはならないことを教えていかなければなりません。犯していない過去の罪のために卑下することはありませんが、その重荷は背負っていかなければなりません。齢を重ねた私たちは、自らが負おうとしない責任を若い人たちだけに課してはなりません。いまやるべきことを一緒にやらなければならないのです。

過去に対する責任などないと言うことと、過去の過ちを正す責任がないと言うのは別問題です。なぜなら過去を継承することによって苦しむのはほかならぬ私たちであり、それを後代に受け渡すことにもなるからです。また、現状に対する責任はないふりをすることも問題です。害を加えることはなくても、過ちを黙認したり、抗議も是正もしないのでは、共犯者も同然です。

ではどうしたらよいでしょうか。ひとつには、大勢の非武装のボランティアが、必要のあるところにおいて利害を超えた人道、環境あるいは適性技術援助を行うことです。そして帰国した彼らは栄誉を持って迎えられる、という仕組みをつくることです。ただし、ボランティアの文民隊は、国連の加盟国としての平和維持活動の責任を果たすことの代替にはなりません。そのような責務を担うことなくして、日本の国連安保理常任理事国入りはおこがましく、国連内での機構改革に対する発言力もあり得ないでしょう。ボランティア隊の掲げる旗は、人類のくにのためにつくられた旗であるべきです。また、斉唱するのは人類のくにのために作曲された楽曲でなければなりません。これを実現するために日本が憲法を変える必要があるなら、その貴重な精神を残し、変えたらよいでしょう。

東京には、激動の世の中にあって、責任を感じ、先見の明と善意に満ちた人びとがいます。世界の問題の底知れぬ大きさにひるむことなく、解決することに懸命な人たちです。彼らが普通の人と違う点は、無関心ではないことです。仲間には、日本人もいれば世界各国の人たちもいます。皆、すでに地球人として人類ひとつのくにの住人であり、「エンバシー」の生きた礎です。このような人びとが暗黒の中でろうそくの火を灯すのです。

なかには、私のつくった「ファクター」という小グループに所属している人たちもいます。ファクターというのは要素という意味であり、方程式の項にも当たる用語です。地球上に平和と公正をもたらすために解かなければならない方程式の項であるという意味で使っています。このファクターが集合して「変化をもたらすファクトリー」を構成します。ファクトリーは工場という意味にも解釈できます。すなわち建物ではなく機構であるエンバシーの素材、煉瓦と、しっくいになる人びとをつくり、同時に、人類のくににふさわしい住民や指導者を育てるのです。

すでに多数の小さなファクターが大学や東京の一般市民の間に存在しています。日本全国に、あるいは世界中にネットワークのように拡大するファクターは、私たちが協調連携することにより、「分裂、飢餓、恐怖に私たちを陥れる物事に打ち勝つ」ことを目指すためのものです。ファクターの力を最大活用するために日本ファクターをつくろうではありませんか。

ファクトリーは政治、イデオロギー、宗教的な関係をまったく持ちません。既存の人道あるいは教育団体やNGOと競合するのではなく、むしろそれらを支援し、それぞれの能力を高め、人類を救い、地球を管理する新しい方法を模索する集団的努力を生かすための総括的な方針を提示するものです。

ファクトリーは、単一の自由主義理念の下で人道的な活動や教育活動に共に参加することにより、偏見をはじめ、過去の憎しみを克服する努力を共有し、それを通じて世界中の人びとが融和する世界市民学を教えるのです。このような努力は実質的な変化をもたらすはずです。親として、あるいは教師、隣人、有権者、あらゆる分野の指導者として、より善い人になる。より良い決定を行い、より良い世界の設計者、建設者になり、すべての人に互いに尊重し合い、共通の大義に参加するよう呼びかけることにより、私たちは共に巨大な善の力を発揮することができるのです。それは過去に私たちを分裂させ、虐待してきたあらゆる帝国の力をはるかに凌ぐものとなるでしょう。

（一九九四年八月一六日）

## 15　混沌とした世界情勢　〔CONFUSION ON STAGE〕

日本の政治はいかにあるべきか、という混乱した国内情勢から一瞬目を転じ、いかに世界を統治するべきか、という混沌とした課題において日本が果たすべき役割について考えてみることにしましょう。村山富市首相（一九二四～）が、国連安全保障理事会常任理事国への正式な立候補を表明したのは九月（一九九四年）でした。当時は立候補の合目的性、それに伴う責任と期待、時宜や利点、代償について考えを巡らすこともありましたが、私たちの注意持続時間は短く、そのうち貴乃花の横綱昇進に関心が移ってしまいました。

ここで安保理常任理事国入りについてもう少し考え、日本は何の仲間入りをしたいのか、それにより世界平和のための日本の役割がどのような形で補完されるのか、されないのかについて検討してみたいと思います。国連に加盟する主たる理由は、どの国にとっても世界平和の追求であるべきだからです。いずれにせよ、それは半世紀前に国連を創設する際の理由であったはずでした。

国連はあくまでも政治機関であり、頭に「国連」がつく専門機関や補助機関と混同してはなりません。必ずしも隣国との平和や国内の平穏が保たれているとはかぎりませんが、世界平和の原則に賛同し、国連に加盟した国はいまや一八五に上ります。加盟国は、民主的に選ばれた政府も独裁主義の政府も肩を並べ、往々にして先見の明に欠け、好戦的で腐敗した国の利益を代表して総会に集います。世界の平和に影響を及ぼすきわめて重要な決定を下す安全保障理事国はそのうちの一五カ国であり、その一〇カ国が非常任理事国です。

残りの五カ国が永久常任理事国として、拒否権をもって支配しています。これらは第二次世界大戦の戦勝国であり、世界のほぼすべての核兵器を保有・管理する国でもあります。なかでもアメリカ合衆国だけが圧倒的な軍事力、経済力（および、必ずしも公正さとは同義語ではないモラルパワーを加える人もあります）を誇り、事実上世界に対し指導力を行使しています。国連は、欠点はあるものの、現在も最も広く認められた世界平和を目指す政治勢力です。

とはいえ、サンフランシスコで国連が創設されて以来、半世紀間に加盟国は年間平均およそ四つの戦争を経験し、いまなお不安定なミニ国家へと分裂を続けています。その上、過去に清算されているべきことを原因として激しい戦争を戦い、子どもたちに新たな恨みを継承させる、という時代遅れの将来を託すような国であっても、（英語では和合を意味する）国際「連合」への加盟が速やかに承認されています。

諸国間の和合は、「連合」することを決意した前と比べ、さほど進んだとは思われません。期待するほうが無理だったのでしょうか。日本は、外国と戦火を交えることがなかった二五〇年の太平の時代を経て、世界に適応する努力をしてきました。他の国々は、戦争に終始した長い年月の歴史からの脱却を試みています。

国連の評価は過去の失敗や未達成の成果ではなく、これまでの業績をもって行うべきです。国連が存在すればこそ回避あるいは鎮静された戦争も多くあります。（たしかに二国間あるいは多国間の努力によって回避できたという議論もあるでしょう。）それぞれの発展段階においてまだ達成されていないことを各国に要求することをやめ、むしろ進むべき道を見出すことを求め、助けるべきなのです。国連憲章は、その遵守がいかに不十分であったとはいえ、各国の指針として、平和の希望の火を灯してきたことはたしかです。国際連盟がそうであったように、国連憲章は仮に欠ける点が多くとも、崇高な理念です。いかに時間がかかろうとも、いかに多くの改革が必要であろうとも―また、より大きなヴィジョンの中に置く必要があろうとも―今回は失敗させてはなりません。

日本は、国連ならびに専門機関に対し、すでに多大な貢献をしています。安全保障理事会の常任理事国として受け入れられたとしても、どのような利点が得られるのでしょうか。常任理事国入りが日本の経済力や多額の拠出金に対する報酬と見れば、そのこと自体が物議を醸すことになりかねません。また、日本にとって恨みの多い国々と肩を並べられることがそれほど良いことなのでしょうか。この代償は何でしょう。国連旗の下、戦闘を伴いかねない活動に軍隊を派遣するために、憲法を更に拡大解釈する圧力が増すであろうこと。日本の派兵は、国連旗の下だけでは終わらないのではないかとの疑念をアジア諸国間に生むこと。安保理入りをねらう他国の妬み。半世紀にわたり常任理事国を務めてきた五カ国にとり、かつての敵国であり不可解な友が加わることの不快。日本自身は、コンプレックスを背負い込み、世界において異なるリーダーシップを発揮する他にはない機会を放棄する誘惑、加えて更なる財政支出。

これらの見返りに日本は何を得るというのでしょうか。老練な理事国を無視して行使することがはばかられる拒否権を得ることを除けば、一介の加盟国として有効かつ慎重に成し得ること以上に常任理事国として得るところはないはずです。

とはいえ、日本は常任理事国に名乗りを上げるべきです。それにはまず、安全保障理事国としての資格を得なければなりません。その代償が憲法改正（あるいは日本の軍隊が海外で国連の指揮の下、武器を携行することができるように第九条の解釈を改めること）を必要とする責任を伴うなら、日本は大きな決断を迫られることになります。その場合には、国民が事の成り行きにうんざりし、無関心あるいは諦めの境地になるまで、すでに下された決定を少しずつ漏らしていくような従来のやり方ではなく、結論を出す前に十分な情報を提供した上で国民投票によって国民の真意を質すべきです。

日本が世界の指導者の仲間入りをし、例えば国連のＰＫＯの派遣に関してなど重要な影響力を及ぼすためには、常任理事国入りは無条件でなければなりません。ただし、威厳をもって毅然と安保理理事国としての責務と処罰を負う覚悟を持ち、（遺憾ながら世界平和のために武器を携行することがたとえ含まれたとしても）世界的な次元での責務を十分自覚した上で安保理における高い地位を生かし、日本が選ばれた歴史の役割を自らに課す決意があることが条件となります。

（一九九四年一二月五日）

## 16　日本は選手、副審、観客のうち、どの役を選びますか?

〔PLAYER, LINESMAN OR SIT IN THE BLEACHERS〕

前回は日本の国連安全保障理事会常任理事国への立候補について書きました。その後、国内のセンセーショナルな事件に目を奪われ、常任理事国入りの問題をはじめ重要な国際問題にほとんど注意が払われていません。前回の考察を更に進め、国際平和維持活動における日本の役割に関するジレンマについて触れたいと思います。

言うなれば、国際連合は、近代戦争の恐怖とその規模・範囲がグローバルであるということの産物でした。次の世界大戦は、最後の戦争になりかねません。私たちが賢明になったからではなく、自滅するからです。民主主義を信じ、サンフランシスコで国連を創設した人びとは、世界議会の下地をつくりました。国連憲章の根源にある願いと、国連憲章を批准しながらそれを無視する現実の世界との間には、大きな隔たりがあります。それでも国連は、これまでに考案された最良の平和の手段なのです。

加盟国間の関係はいまなお調和より対立を背景としており、地政的情勢の変化に伴い、加盟国間の関係や約束も変容します。ソマリアを例にとれば、ソビエト帝国の前哨地であったかと思えば、次には米国のそれとなり、やがて両国がその存在を疎ましく思うようになれば、それが現実になってしまうのでした。国連は、すべてに代償が伴う市場なのです。

国連ＰＫＯ活動に参加した日本の自衛隊がブルーベレーをかぶって颯爽とカンボジアに到着した様子がＣＮＮに映し出された時には、民族としての誇りが感じられたものです。日本政府は、自衛隊が悪事を働くことも、危害を被ることもないようにと、ライフル銃もコンドームも携帯させないことを決定しました。自衛隊はそうした両方の意味での危険地域に近寄らないことを約束させられ、喜んで戦闘を避け、代わりにカラオケが奨励されたのです。国連の白いトラックがぬかるみに立ち往生した時、日本人ドライバーは通りかかった人にタクシーを呼ぶように頼んだのでした。士官は学ぶことが多かったことを謙虚に認めました。かくして日本は、制服をまとう新しい任務へのデビューを果たしたのです。

日本があくまでも「普通の国」になろうとし、諸外国に歩調を合わせるために前進でなく後退するのなら、自衛隊は、憲法の制約にもかかわらず、普通の軍隊の働きをすることになるでしょう。彼らの祖父たちは誇りに思うでしょうし、自衛隊員が泥まみれになればなるほど、日本に対する賞賛を勝ち得ることにもなるでしょう。国際社会における地位とその重要な一員になりたいという願いからみれば、日本はたしかに、ますます意味を失いつつある歴史の段階に追いつくための一歩を講じたことになります。

経済貢献をし、できるかぎり国際的であろうとすることは、結構なことであり、有益でさえあります。しかし、狡猾な外交を展開し、自己賛美の讃歌を歌う国民国家の混乱の時代の先を見据え、それらを多様多色な「人類のくに」の地方として平和裡に治める方法を学び始めないかぎり、もはや国際的であるだけでは十分といえない時代が来ているのです。

とはいえ、革命を得意としない私たちは、段階的に進歩することを考えていかなければなりません。実際、今後も、このひび割れした人類のくにの中で敵対する集団間には、更に多くの戦争―内戦が生じるでしょう（英語で言う「内戦（civil war）」は皮肉なことに「礼儀正しい争い」を意味します）。その内戦を防ぎ、抑制、鎮静するより良い手だてが必要です。したがって、各国は、政府の気まぐれには左右されない、そして未だ成文化されていない規則に基づいて真にグローバルな警察を創設するために、また、それに先立ち、国連が後援・主催する専門の常備軍を設置するために、決然と精力的に努力し、（たとえそのために憲法改正の必要があるとしても）平和の責任を分担するべきなのです。

その間、日本の民間部門はいますぐにでも、医師、看護師、栄養士、農業専門家、環境保護論者、各種技師など、熟練した専門家を集めた非戦闘救助遠征隊を組織して貢献することができます。社会は彼らの心意気に報い、今日のボランティアが経験しているような職業上の不利を被ることがないようにします。世界に貢献し、日本に名誉をもたらすボランティア隊は、日本をはじめ各国の適任者と長期契約を結ぶこともでき、ゆくゆくは専門の国際奉仕団へと発展していくことができるでしょう。

日本は、人間性を壊滅（人情を抑制）することを試みた唯一の国かもしれませんが、それはできないことです。人間としての生来の良識から、このようなボランティア隊に志願する人は日本にも多いはずですし、それればかりでなく、明確なアイデンティティと方向性に欠ける日本は、国家を前提とした国際社会（インターナショナリズム）を超越し、それに付随する国家主義によって引き起こされる動乱を越えた新しい時代の先駆者となるあらゆる資質を有する唯一の国でもあると（そんなこと、とんでもない、という気持ちを横に置いて、）私は確信しています。政府の形態や政治の目的について率直に議論をし、市民の心を解放して、日本に栄誉をもたらし得る新しい国のあり方を自由に考えることができるようにすべきです。先見の明のある人たちが先頭に立って、人類すべてに平静の時代をもたらす、これこそ日本の役割であるべきです。

インターナショナルと呼ぶあらゆるものの頂点にあって、多大な希望が託されている国連は、この混沌とした世界に平和をもたらす上で必要な一歩ではありますが、決して最後の一歩ではあり得ません。これまでにもまして困難だけれども同様に必要な、大股で高い一歩を更に進める時が来ています。互いに尊重し合い、人類にとって大切なものを守りつつ、私たちは、世界市民学を学び、世界を治める方法を改善するという困難で多面的な仕事に取りかからなければなりません。これこそ、日本が国連内外で多大な貢献を果たすことのできる仕事です。

人類ひとつのくにの最も公正な利益を代表し、地球上の生命を保全するために、煉瓦ではなく、理念とそれを具体化した材料でエンバシーという殿堂を建設しなければなりません。人間社会のあらゆるレベルにはびこる自己中心性と偏見のため、私たちは世界の平和と善意こそ人類の福利を確実に推進するものであるという事実を見失っています。エンバシーの構築は最終目的ではなく、取るべき進路です。他のすべての道は、運が良ければまず他者を、そして次には私たちを破滅に導くものです。

（一九九五年五月七日）

# 17　弾丸一発さえあれば　〔IT TAKES A BULLET〕

原爆や終戦五〇周年に関する記事や講演が後を絶たないようです。追想すべき体験のある退役軍人や遺族は理解できますが、追想することにどれだけの意味があるのでしょうか。「真珠湾を忘れるな」、「原爆を忘れるな」と言われてたしかに忘れられない人はいますが、ほとんどの人は体験していないのです。

いま歴史をつくる任を担う若者や中年世代にとって、真珠湾攻撃や原爆、そして五〇年前に起きたことはすべて、はるか昔の出来事です。五〇年も前！　第一次世界大戦から二五年、イギリスの小学生だった私にとって、（第一次世界大戦中、一〇〇万の兵士の命を奪った史上最悪の）ソンムの戦いは、（旧約聖書に出てくるヨシュアの大軍の叫び声だけで町の城壁が崩れ落ちた）エリコの戦いと同様に、遠い昔のことのように思えたのでした。若者に祖父母の忘れることのできない出来事をしっかりと心に刻み、関心を持つことをどうして期待することができるでしょうか。広島に住むある二三歳の女性は、平和公園に一度も行ったことがなく、「原爆？　一九三五年のことだったかしら？」と言ったと聞きます。また二人の大学生が「日本が米国と戦争したことがあるって知ってるか？」「えっ、本当かい？　それで、どっちが勝った？」と地下鉄の中で話していたという話すらあります。（この話は、元都知事の政治家が話の中で触れたことで、たしか、男子学生のことだったと思います。）

大騒ぎをして何を記憶に留めようというのでしょうか。悪しき戦争からの解放ですか？たしかにそうでしょう。が、過去をほじくり返し、旧敵国の犯罪行為を思い起こし、孫の代にひれ伏して謝罪せよと一斉に求めることは、何のためでしょう。この同じ独善的な思いが、指導者の演説、あるいは文学や賛歌を彩り、広場には羽飾りや勲章を身につけた残忍で冷酷な騎士像を一千体も並べ、大聖堂を連隊旗で飾り、殺人者の墓で満たしています。自分たちへの悪行をあげつらいながら、人に与えた苦難は讃えるのです。ドレスデンを破壊した人物の像を建てる所以がここにあります。

そして、たいそう偽善的に言うのです。このようなことが再び起こらないように、お互いに決して二度と行うのはやめることにしましょう（しかし、申し訳ないですが、栄光ある我が国も人類を絶滅させる最新の手段を持てるように、核兵器を完成するための実験をあと数回行う必要があるのです）、と。

歴史を教えられ、それに学ぶことが必要です。どこに行こうが、歴史を知っていようが知っていまいが、歴史から逃れることはできません。しかし、歴史が憎しみを育て、祖先に対して行われた不正な行為に報復するような時代は終わったのです。ボスニアの人びとに聞いてごらんなさい。いまや世界はとても小さく、もはや平和なくして国は栄えることはできません。英雄や神話化した歴史を、他者に勝っているという特権意識を、厳しく見直さなければならないのです。

隣国よりも恐ろしい破壊兵力を保有し、家族から男たちを奪い、外国人を殺戮する訓練をして巨大な軍隊を編制、保持し、その費用を遠い国の罪もない人びとの手足をもぎ取るような地雷の製造に一般市民を駆り出すことでつくる―こうして、国が安全と尊敬を買うことができた時代は過ぎ去ったのです。

弾丸を製造し、兵器商人の国際見本市で宣伝し、貧しい国の飽食の殺人鬼と化した独裁者に弾丸を売る、あるいは他の誰に売ったにしても、それはまさしく人類に対する犯罪にほかなりません。それを是認し、私たちのためであると言って、私たちを愚弄する人を最高権力の座に選ぶことで、私たちもまた同様の罪を犯しているのです。いかに間接的であれ、モザンビークの野原で子どもの足を吹き飛ばすことに荷担することが、利益になるとは到底思えません。

ひとつひとつの弾丸が憎悪を植え付け、報復を呼ぶ忘れがたき罪過を生むように、無計画で貧弱なシステムそのものが、私たちに干戈《かんか》を交えさせ、傷を負わせ、その傷を癒さないまま広げているのです。

そのシステムに支えられた政府、システムの恩恵を受け、それに寄生している野心的で近視眼的な指導者、システムによって維持されている貪欲な物質主義と冷酷な経済競争、そしてこの無秩序と混乱がいかに残忍で無用な時代錯誤であるかを理解していない、あるいは分かろうともしない私たち―こうしたことすべてが、分裂し、危険に満ちたこの世界が歴史の要求に応えて大いなる前進を図ることを阻んでいるのです。

私たちは先行きを不安な気持ちですでに予見できます。二一世紀の大半あるいはすべては、政治的・社会的混乱と、私たちが残す山のような環境問題とを解決し、冷酷な生存競争が繰り広げられる国際社会を鎮静し、反目するのではなくお互いのために、また地球の破壊者ではなく管理者として生きることを学ぶことに割かれるでしょう。さもなければ、私たちは自らを破壊してしまうことになってしまいます。

他者に託すことができない、私たち自身がしなければならないただひとつのこと、それはそれぞれの文化や状況に応じて、心の中に愛情と良識を育んでいくことです。それは、怖れと羨望に左右された部族と、大小の誇り高き懐疑的な帝国の長い歴史を通じて積み重ねられた民族国家間の憎しみと偏見の習慣を解消していくプロセスの始まりとなるものです。そして私たちが消滅してしまうことのない唯一の世界をつくることでもあります。日常の生活において、自らが求める寛大さと正義を他者に対して行うべきという黄金律を学び、教え合うのです。過去の相違を呼び覚ますあまり、世の中が変わったこと、すなわち、これからは皆が仲間であることを忘れてはならないのです。

（一九九五年九月一〇日）

# 18　一匹の仔犬が吠える時　〔WHEN ONE SMALL DOG BARKS〕

わずか四五億年後には、太陽が膨張して太陽系全体を飲み込み、その後、くるみほどの大きさに収縮してしまう、という説があります。これは大変なことです。それまでには人類の知恵と創造力によって他の解決法が生み出されていることでしょうが、いまのところ考え得る選択肢は、時を超越して、はるか遠くの惑星に移住して生き延びる方法を学ぶか、地球自体を動かす推進機を開発して、宇宙の彼方に逃げ出すか、または灰と化すか、の三つに限られているようです。そしてどうやら三番目が最も現実味が高そうなのです。一部にはこのプロセスが際限なく繰り返されるのが自然の摂理だと考える人がいますが、あまり慰めにはなりません。

仮に最悪の事態を想定しても、残された数十億年をできるだけ楽しく暮らし、いまある世界で精一杯生きればよい、という楽天家もいますが、これには、先見の明が必要とされるでしょう。少なくとも、日常よく見聞きする人口爆発やプランクトンの激減など、脆弱な生存環境を脅かす事態によって地球の生物圏の寿命がこれ以上縮まないよう努力をしなければなりません。

科学や宗教が（政治家なども含み）、破壊的な変化の可能性に対処しようと取り組んでいますが、一般市民も、例えば微生物で分解されるシャンプーを使ったり、買い物に行く時には自前の袋を持っていくなど良識ある生活をすること、また、感傷的かもしれませんが、思いやりを持つことによって、人類の存続に寄与することができます。思いやりも良識なのです。

私が住んでいるマンションの一室に、一日中キャンキャン吠えている仔犬がいます。聞くに耐えかねて、その部屋の呼び鈴を鳴らすと、犬は吠えるのを止めるのです。私は飼い主に「お宅の仔犬が寂しがっていますよ」と記したメモを置いてきます。

またもや、あの仔犬の吠え声が聞こえてきます。

仔犬が吠えるからといって、決めつけてはならないことは承知していますが、私のマンションの住人だけではなく、犬を鎖で縛り付け、狭い部屋に閉じ込めておく、というのは結局、飼い主の心の狭量さを現していることになるのではないでしょうか。動物を扱う態度は、他人に対する態度でもあるからです。

このような些細な出来事を取沙汰することで、読者の皆さんの例の自己防衛本能を刺激してしまうような気もしますが、敢えて苦言を呈するのも、私がたまたま日本に住んでいるからなのです。もし、英国に住んでいれば、犬を溺愛する一方で狐狩りに興ずる英国人の嘆かわしい矛盾を同じように批判しているはずです。

一方で、伝統的に続けられていることだからと、食用のためではなく、口にすることも戸惑う用途のため、地球に残された野生動物の保護に世界的な規模で取り組もうというルールを犯す行為を続けている国もあります。

私たちは、健康に良く、滋養があり、血管を柔軟に保ち、歯を丈夫にしながら、太らない食事を心掛けるべきだ、と言うと、では殺生を禁じる仏の教えに従った日本の昔ながらの（とはいえ、現在ではあまり実践されていない）菜食をすればよいのでは、という答えが往々にして返ってきます。

これは一見、外国、特に西洋諸国に対する日本人の複雑なコンプレックスを救う最も強力にして特徴的な自己陶酔型の思考のひとつです。しかし、日本人も他の民族と同じように空腹の時には魚を釣り、狩りもして、食べられるものは何でも食べてきたのです。そしていまや、他の民族と同じようにレジャーのためにそうしているのです。日本で、自分の願いごとのために詣でて手を合わせる姿は目にしますが、実はこれは仏の教えにある姿ではなく、反対に仏が説いた衆生への慈悲の教えが実践されている様子を見かけることはまりありません。

いらない仔犬を靴箱にいれて干潮時に海岸に置き去りにしたり、車の窓から投げ捨てる行為については、これ以上語るのはやめましょう（白人やクリスチャンの残虐な行為と違って仏教的な行いであり、直接手に掛けたわけではない、ということなのですから）。また、デパートの客寄せのために、腹を空かせた猿に生きた小鳥をやって見世物にすることや、イースターともなれば、仔ウサギにスプレーペンキで色付けすることや、暖房の効いたシマウマ柄のバスの中のお客を楽しませるために、雪降る「サファリパーク」にライオンを放つことも。科学のためという名目で鯨を捕獲し殺していることは、七三一部隊の再来を彷彿とさせて背筋が寒くなります（インターネットのウェブサイトを見てみてください）。しかも、異議を唱える人がいないとは！

特異と言われる日本文化においては（文化はすべて特異であって、日本の文化だけが特異であるという神話は成り立ちません）、被害者に気まずい思いをさせてはならないという言い訳の下で、他人の災難や不幸に関わらないことが正当化されるように、批判を回避する都合の良い屁理屈には事欠かないのです。

公正を期すために、日本ばかりでなく、広く世界に目を向けて、西洋諸国の動物だけでなく人に対する偽善と自己中心主義、またそれを支える制度にも注目しなければなりません。富める国は、自国の経済や政治家の当面の利益のためには、環境問題にあいまいな態度を取る一方で、貧しい国に対しては、開発より環境を優先すべきだと説くのです。これでは貧しい国に新植民地主義的陰謀だと見なされても致し方ありません。しかも彼らは、人命について言い争うのです。誰を誰に対して、どういう条件で守るのかは、きわめて政治的な問題です。フィクションの中の残虐行為に麻痺して、他国の出来事や他民族の苦悩は絵空事にしか映りません。未だにひとつの宇宙船号に乗り合わせていることが、理解されていないようです。

新聞で他の家庭や路上での悲劇について読んだ時には、被害者の名前を自分の名前に置き換えてみることです。残虐な行為をテレビで見たら、それを受けている人の顔を親、兄弟、子どもや自分の顔に置き換えてみたらよいです。

三階の仔犬があまりに悲しげに吠えるので、ついお門違いの批判をしてしまったのかもしれません。この短文の本意は、日本人であれ、外国人であれ、友人を疎外することではなく、むしろ、世界をもっと安全でお互いに思いやることのできる場所にするため、皆で努力をしていくきっかけとしたいのです。そして同時に、地球に共存する生き物を皆で守っていきたいのです。

それも、人類の利益、生活や楽しみのために保護するだけではなく、痛みと恐怖を与えるべきではないことに気づき、直接手を下さなくても、苦痛を与えることを許容している世界文化に対し、更には他者に対し、単に無関心から黙認すべきではないのだと気づいたからなのです。

（一九九六年一月三一日）

## 19　人づくりの工場〔A KIND OF FACTORY〕

このシリーズを注意深く読んでくださっている皆さんは、常にふたつのテーマが取り上げられていることに気づかれておられると思います。今回はそのひとつ、「ファクトリー（工場）」*について詳しくお話しします。このシリーズの最後に当たる次回に、もうひとつの課題である「エンバシー（大使館）」について考えていることをお話ししたいと思います。いずれも一般に言う「ファクトリー」や「エンバシー」ではないのです。

長年の教師体験から謙虚にならざるを得なかったことのひとつは、親御さんなら誰しも思うであろう「どうしたら子どもの一生にとりベストなことをしてやれるか」がどんなに難しいかを知ったことでした。教師の目標としては、生徒が卒業後、単に良い仕事に就き、幸せで、有能な市民となる準備をさせることにとどまらず、生涯を通じて前向きで、大部分を任されることになる激変する次世紀の世界において良い感化を与える人となるよう、できるかぎりの努力で能力を養うことでもあります。

来る世紀は今世紀より良いものでなければなりません。であれば、歴史の流れを見据え、教え子たちの生き方を通じて関わっていかなければならないのです。私たちの教室にいる青年男女が世の中の至る所でやがては親となり、教師となり、有権者、指導者となっていくのです。まさに大きな責任を伴う仕事です。

教える者の偽善とも言うべきは、生徒には各人の信念を敬うべき、と教えながら、己の考えを押し付けることです。託された教科を超越して、結局は教師自身がかつて学んだことや価値が反映されるのです。過去二四年間にわたって、日本の人口一万二〇〇〇人につき一人は、勤務していた東京の優れた二大学のいずれかで学んだ私の生徒でした。それでも歴史の流れが変わったという証拠を懸命に求めましたが、いまはまだ感知できない程度であっても、変化が起きており、これからも起き続けると信じています。皆さんと同様に。

私たちの人生の各瞬間には、はるか遠い地球の果てにまで、善かれ悪しかれ、影響を与える機会があります。いえ、そのように運命づけられているのです。私たちの行為の結果は延々と受け継がれていきます。一人ひとりが行ったこと、あるいはできなかったことは、大きな事件や時流を巻き込んだ巨大な方程式を生み出す因子となり、歴史はそこからつくられていくのです。もし、すべての人に内在するこの力が世界的な規模で、賢明な意図に励まされ、健全な目的のために動員されたなら、それは地球上の最も強い潜在力になります。ただし、決して誤用されてはならない力なのです。しばしばその力が乱用された結果は、歴史の偏狭で悲惨なページが訴えているとおりです。

いま私たちに課せられていることは、人類の歴史における次の舞台に向けて構想を練り、勢いを高め、志を共有する仲間を募ることにほかなりません。この目的を達成するには、混乱したこの地球のすべての所に、より深い共通意識と世界市民意識を育てる「仕組み」が必要です。そのためには、現在は国という集団に分かれてあらゆる場所に住む人びとが、それぞれの地域の素晴らしい多様性を尊重し合って暮らせるよう、教育する手段が必要となります。それは、何世代もかかる事業となるでしょうが、成されなければなりません。

世界中のどこであろうと、学校の教室と同じように、最善の教授法は、お互いを巻き込むことです。そして、その方法は、肌に感じる世界との関わり合いの中で、地球規模の動機により奮起させられ、人格的な成長を促すものでなければなりません。それは、競い合う関係の中からではなく、既存の集団と可能なかぎり補い合い、支え合う関係から生まれるものであり、対立からではなく、啓発された政府や機関との協力の下に見出されるべきものです。

私が言うところの「仕組み」とは、「ファクター（要素）」と呼ばれる人やグループが機能するゆるやかな世界的なネットワークのことです。「ファクター」は、社会的、人道的、あるいは地球環境に関する動機から、近隣や世界中の「ファクター」たちと連携した活動により「変化をつくりだしていく」のです（そこから「ファクトリー（工場）」という名称が生まれました）。

そこには、従わなくてはならない規則や、交わさなければならない誓約はありません。ただ、生まれ故郷の良識ある市民であることと、共に生きる世界の善き市民意識とをいかに両立させて、「私たちを分裂、空腹、怖れに陥れるもの」にいかに力を合わせて打ち勝つかを学ぶ指針があるだけです。ファクトリーが生み出すのは、より善き親であり、教師であり、選挙人であり、指導者です。

ファクターは仲間を人や世界の課題に結びつけ、世界市民としての特権と義務を教える経路となるでしょう。同時に、個人としての友好関係や世界中での積極的な協調活動により、行動範囲を広げ、自らの生活を意義のある豊かなものとし、苦痛を生み出し、地球の存続を危うくする無知や偏見を解消する一助となるでしょう。

優れたリーダーシップにより、「ファクター」は注目を集め、それぞれ全国、更には世界へと広がり、地域社会やあらゆる集団の中で手本になっていくと思います。東京の国際コミュニティに支えられ、メディアに奨励され、以前論じた「普通ではない（いままでになかった）」国の創生に貢献する機会を日本の皆さんに与えるものとなるでしょう。また、世界に対し新しい思考を提供し、世界を救う道を開く先駆者としての栄誉が与えられるでしょう。これは、日本にとり価値のある役目です。

（一九九六年五月二一日）

＊ファクトリーとは工場、ここでは人づくりの工場、ファクターとは要素、あるいは代数学での因子という意味で使われています。

## 20　人類皆の大使館　〔A KIND OF EMBASSY〕

人生の道筋において、ゆるやかな曲線を描く代わりに鋭角な曲がり角に出会うことがあります。四〇年（いまは六〇年）ほど前のことでしたが、中米での局地戦争の最中に、私は図らずもその急な曲がり角に出会いました。双方これといった目当てがあったわけでもない取るに足らない無益な紛争でしたが、貧しいふたつの国の罪のない人びとが、すべての戦争に付き物である悲惨な犠牲を強いられていたのでした。私の怒りを駆り立てたのは、平和に暮らしていた人たちが撃ち合いを強いられ、命を無益に失ったことに対してではなく、ある晩この目で見た、為すすべなく道に出て男たちの帰りを待つ人びとの表情でした。

私は不意にあの街の、そして世界中の怖れや悲嘆に苦しむ人びとの苦悩を感じて激しい感情に圧倒され、彼らの惨めさと自分の腑甲斐無さに対する怒りにかられて何時間も歩きながら、この不公平な世の中を治めるまだ気づいていない、または試みられていない方法が必ずあるにちがいないという思いにとらわれてしまいました。そして、国際的な世の中にさえなれば、民族間の紛争や領土的野心などは過去のものになるはずだという信念そのものが、大きな障害であることを悟ったのです。この考え方はよく言って、自己利益と政治的な合理化の追求そのものであり、誤りでしかないのです。過去において逃避すべく期待をかけてつくられた数多くの憲章の別名でしかありませんでした。

その夜、人びとが寝静まった街の中を歩きながら、抗しがたいある考えがまとまっていきました。それは、世界を管理する責任を持つ機関をつくる、という構想でした。当初は名ばかりのものであっても、徐々に世界を管理する至上の責任を担っていく。つまり、戦争や地球が抱えている苦悩を克服するというより、むしろ明らかにそれらを生み出すように構造化されている国民国家とグローバル・システムを超越して機能する役割を持つものです。世界の複雑な利害関係のいずれにも与することなく、国家を代表する人びとがその役割を果たすように地球全体を代表し、紛争を調停するために、地球を治める上での仕切り役であり最高の調整役となる「エンバシー」を、あるいは地球の統治に尽くす真の意味での「ミニストリー」をつくることを思い浮かべたのです。

当時国連は設立されてから一一年を経て（私がこの随筆を書いたのは五一年目―そして少し手を入れているいまは実に七一年目に当たりますが）、国家間の諸問題の平和的解決をはじめ、それに劣らず重要な地球規模の諸問題の解決に乗り出したところでした。従来の意味での戦争はなくなっておらず（国連設立後にも一五〇余の紛争が起きています）、といっても、それらはすべて国連の介入によって局地化、あるいは沈静化されています。更に重要なことに、安全保障理事会はその活動により―むしろ作動しなかったことにより、と言うべきでしょうか―、冷戦中には温度を自動調整するサーモスタットの役割を果たし、超大国間の核軍拡の恐ろしい結末を防いできました。また、国連の予防外交の結果、実際には戦争に至らなかった紛争もあります。国連およびその専門機関は、次第に人口過密となった世界の山積する問題に取り組むための多面的なシステムへと発展していきました。それらに欠陥がないわけではありませんが、国際協調を維持する上で多岐にわたり、明らかに欠くことのできないものとなっています。

国連システムは、世界にとり、良いこと（例えば環境保全）であるとか、人類の価値観の普遍化（児童労働の禁止）を図る上で、加盟国の同意を得て共同で取り組む基盤となるインフラを確立しつつあるという意味合いで、きわめて重要だといえます。他力、問題はしばしば二国間、あるいは多国間の介入によってより効果的に解決されていることも認識されなければなりません（中東和平の過程で見られたように）。徐々に重要な役を果たし始めたNGOの活動も同様に認められなければなりません。といっても、国連システムは平和を維持し、加盟国の利害を調整する上で現在のところ最善の手段です。国連なしにはやっていけないのであれば、その機構や機能、効力を発展させるためにあらゆる努力がなされるべきです。

とはいえ、国連はその崇高なヴィジョンにもかかわらず、国際的な構造であるため、永久に制限されてしまっています。その基本機関であるニューヨークで行われる国連総会は、世界の議会に発展していくのにふさわしい立場に置かれてはいますが、すべての民主的な機関が持つ欠陥、いうなれば、誰を代表するのかという問題を抱えています。国連は諸国を融合させるためと称して存在しているのでしょうが、実際には（一人として全市民から選ばれている人はおらず）加盟国政府の代表者を、すなわち独裁者や専制君主や誇大妄想家たち、腐敗した政治家や血で手を染めた少なからぬ数の将軍を含め、一堂に集めているにすぎないのです。代表者の誰一人として地球的あるいは国際的な問題のためにニューヨークに赴いている者はいません。彼らはそれぞれの国家のために国連に参加するのであり、その任務は、人類を分割するものを代表することにすぎません。

世界には国家間の対話や協力を推進する複数の国際組織が必要です。そこに至るには、まず、各国が有する国家主権を再定義（制限）し、地球上の諸国をひとつのくにの部分と見なし、不和を生む一部の利害を超越して市民（全人類）の生存と本質的な利益が優先されるまでになる長い時間を要する過程が待っています。そのためには、各自の利害の上に立つものが必要だと長い間夢みてきました。それが六〇年前のあの晩に胸に響いた「人類のエンバシー」なのです。

これまでも度々本書で触れた「ファクトリー」と共に、この「エンバシー」は、「人類を分裂させ、空腹に陥れ、怖れを抱かせるものを克服する」方策を探し求める上で重要な役割を果たすことができるのです。

（一九九六年一〇月二四日）

# あとがき

私が随筆を手がけてから四半世紀が経ち、世界と私にはかなりの変化がありました。私の基本的な考え方は少しも変わっておりませんが、周囲は変わりました。民主的な革命の代わりに大衆におもねるポピュリズムが台頭し、扇動的な政治家が生まれています。このようなリーダーシップは、デモクラシーとは相容れません。民主的に選ばれた政府の中にも、少数派の人びとを民主的あるいは革命的な脅威だとして差別するものがあります。また、民主的に選出された政府が、隣国の民主的な権利を認めない事例もあります。デモクラシーそのものが脅威にさらされていますが、多くの場合、デモクラシーが国を治める上で考えられる最も良い方法なのです。

この四半世紀において中東は戦禍に苦しんできました。それらが急進的な宗教によって起こされ、主導された場合には手に負えない状態になっています。が、この地域においてテロは決して真新しい出来事ではありません。というのも二千年前のユダヤの熱狂者たちの時代から盛んにあったからです。ただ異なるのは、互いにより進歩した新たな殺傷の手段を手に入れたことでしょう。

また、まれにではありましたが、壊滅的な戦争を経て憲法に基づいた平和な帝国が誕生したこともあります。インドでは、西暦紀元前二世紀以前、イスラム教が誕生する八〇〇年ほど前に、それ以降見られないほど平和な帝国がアショーカ王の下で誕生し、非暴力の原則を四方八方に広めていました。日本は平和憲法の下、戦争に対するアレルギーも手伝って、いまある歴史的な機会を手にすることも、それを見逃してしまうこともできる立場にいるのです。

日本政府は、他の方法で憲法の解釈を曲げようとしています。私は、日本が、自らの重大な利益が侵されていない国において、米国の救出に乗り出すべきと主張するようなことがないよう願っています。日本は米国に負うところが大ではありますが、日本は平和の先駆者として活動的な役割を果たすことにより、世界と米国のために更に大きな貢献をすることができるのです。

では、どうしたら日本は憲法に忠実でありつつ、武器を持たずに、戦争や大虐殺などから罪のない犠牲者を救出する国際的な努力に参加できるのでしょうか。日本は、国際的な努力への参加を避け、世界の顰蹙《ひんしゅく》を買うのではなく、またブルーヘルメットをかぶり（武器を手にして）国連の平和維持軍に参加する代わりに、アレッポにおける政治的に中立の立場のホワイトヘルメットをかぶった英雄たちに倣い、誠実な仲介役として平和裡に和平を求め、その再建に中立的・人道的な立場から献身的に関わることができます。または、「中庸の道」の題目で書いたように、国際赤十字やその他の承認されたNGOなど、あらゆる人道的活動に参加することもできます。「日の丸」を肩につけた部員は、世界に明かりを灯し、国旗に名誉をもたらすことができるのです。

尾崎は、ひるむことを知らない、時には急進的であり、理念と非凡なヴィジョンとを持つステーツマンでした。八八歳にして、日本で最初に世界連邦を謳ったのでした。今日、尾崎が生きていたなら、疑うことなく、日本が人類社会において、時代に即した妥当な役を果たし、栄誉ある国になることを望んだはずです。また同時に、日本が他人の戦争を戦うために軍隊を出し得ることに唖然としたでしょう。日本の壊滅的な先の戦争に断固反対した尾崎は、敗戦の結果として平和を誓う憲法の制定をしっかり見届けたのです。その覚悟がないかぎり、あれは「すべての戦争を終わらせる戦争だった」と軽々しく言うべきではありません。第一次大戦ではなかったのですから。（訳注：「すべての戦争を終わらせる戦争―the war to end all wars」は第一次世界大戦を表す言葉として当時使われた。）言うからには本気でその覚悟が必要です。

尾崎は、日本語の曖昧さと不正確さが故に、日本は諸国との関係で自らを守る能力に欠け、また日本人同士の間でも誠実な関係は持ちにくいことを見抜いていました。そのとおりかもしれませんが、それが、日本人の日本人たる所以なのです。書き言葉は、その芸術性、微妙さとその古さが故に、国家の重要な宝なのです。が、読者の怒りを買うことを覚悟であえて言えば、日本の皆さんが、いまや距離を置くことができない世の中において役割を果たすには、二カ国語を自信を持ってこなし、他言語の抽象名詞を理解できなければなりません。とりあえず、「デモクラシー」とは何か、これをしっかり理解することです。

日本は、市民が国を治めるのでなければデモクラシー（民主国家）ではありません。選挙で投票しなければ、市民が治めることはできません。また、知識を欠き、それについて考慮せず、自らの意見を持たなければ、一票を投じても、それは見え透いたごまかしにすぎません。しっかりした自分の意見を持って初めて、真の意味の民主政治が行われるのです。

尾崎は今日の日本に何を望んだであろう、と、問うこともよいと思います。尾崎の政治哲学は、尾崎自身が翻訳を手掛けた、ハーバート・スペンサー（1820–1903）に負うところが大です。更に、尾崎を理解するためには、孫娘の原不二子が（私も多少手を加えて）英訳した尾崎の自伝を読んでいただくのがよいと思います。

私は、一五章において、「日本は、［国連］安保理常任理事国に名乗りを上げるべきである。それにはまず、安全保障理事会理事国としての資格を得なければならない」と書きました。注意すべきこととして、日本はかつての日本ではありませんが、安全保障理事会は不幸にして昔のままだということです。考え直すと、日本には資格があるとはいえません。少なくとも、他の常任理事国が主張する受け入れ難い条件では、ということです。斯くいう国々が世界を率いる資格があるなら別ですが、実際には、権力があることを除いては、資格があったためしはありません。また、当時の戦勝国が便宜上、融和で結ばれる巨大な組織をつくる努力をしましたが、未だに完成されてもおらず、現在においてはすでにその便宜性も失われてしまっています。いずれにしても、日本は常任理事国になる条件が、「普通の国」になること、すなわちまさに日本が実行するべく選ばれた歴史の特別な立場を放棄することになるなら、理事国になることを望んではいけないのです。日本は独自性の有る無しにかかわらず、日本としてのアイデンティティを求め、競合する諸国間の調停者として、また、不安定な現体制の持続を図るのではなく、新しい善良な諸国の集まりの先駆者としての役割を果たしたらよいのです。

皆さん、皆さんのご家族、隣人、配管工、詩人、首相、誰もが人間関係と人類の運命という大きな方程式の要素であり、世界の辛苦と不公正を解決する要素となる道を選択できるのです。日本および世界中に拡大し続ける大小の要素（ファクター）がつくるネットワークの中で個人として盟約を結び、共通の目的を持って連携すれば、人類のくにの大使館（エンバシー）の煉瓦とモルタルとして、地上に平和をもたらす大きな力となることができるのです。

最後まで読んでくださってありがとうございます。すべてのものがそうであるように時代を反映していますが、いま考えれば、言い過ぎたと思える箇所もあり、その後多少平静さを取り戻して考えるようになった点もありますが、今日にもあてはまるものがあると思っています。

日本にとり今日的な課題は、現在のリーダーシップの下で、意図的に機会を見過ごすか、それとも未踏の道を選び、歴史が日本に課した先駆者としての役割を果たし、妙想をもたらすかの選択です。

日本よ、決して憲法から「平和」を取り去らないでください。むしろ、憲法に加え、明白な決意により、非暴力的な紛争解決、普遍的な人権擁護、そして地球上の生命を守る最初の国になってください。皆さんの持てる才分と寛大さを惜しみなく発揮し、皆が憧れる最初の国になってください。

二〇一八年一月　東京にて

マーティン・ブレイクウェイ

問題を解決するために活動したいと思われる方はメールをください。

<m@embassyofman.org>

坪沼悦子さんには、労を惜しまず冊子の翻訳を家内と共にしていただいたこと、ダニエル・パピア博士には、献身的に編集に関する助言および本冊子の初版にあたり不可解なコンピュータ・ソフトウェア出版の手引きをしていただいたことに大変感謝しております。

マーティン・ブレイクウェイは、『The Autobiography of Yukio Ozaki』（尾崎行雄自伝）（プリンストン大学出版部、2001）の翻訳にあたり、原不二子と翻訳作業を一緒に行いました。二人は結婚し東京に住んでいます。ブレイクウェイは、尾崎がこの世を去った年にケンブリッジ大学を卒業しました。

マーティン ブレイクウェイ（Martin Blakeway）
1930年、英国サウスハンプトン生まれ。ケンブリッジ大学（トリニティ・カレッジ）史学科修士課程修了。
父は英国人、母は長崎生まれのロシア人。早稲田大学、上智大学にて二十数年教鞭をとる。東京で妻の原不二子と暮らしている。
世界各地を旅行し、五大陸各地における問題に関わる。


歴史をつくる時
――ヴィジョンと日本の役割

二〇一九年十月二十二日　第一刷発行

著　者　マーティン・ブレイクウェイ
訳　者　原不二子、坪沼悦子
発行者　坂本喜杏
発行所　株式会社冨山房インターナショナル
東京都千代田区神田神保町一-三 〒一〇一-〇〇五一
電話〇三（三二九一）二五七八
URL:www.fuzambo-intl.com
印　刷　株式会社冨山房インターナショナル
製　本　加藤製本株式会社




ISBN 978-4-86600-071-8 C0030